MINDFUL
EATING

DR. JOSÉ LUIS SAMBEAT VICIÉN

Salud• Editorial Arcopress
Directora editorial: Isabel Blasco
Diseño y maquetación: Teresa Sánchez-Ocaña
Corrección: Carmen Cano Valero

Imprime: CPI Black Print
ISBN: 978-84-17057-37-4
Depósito Legal: CO-623-2018
Hecho e impreso en España - *Made and printed in Spain*

A mi mujer Coco, por aguantar tantas tardes sin salir de casa mientras yo escribía mis libros, y por servir de correctora en este segundo volumen.

A mis hijos, por no ser la causa de que yo necesite el Mindfulness para calmarme, sino todo lo contrario.

A la editorial Arcopress, y en especial a Isabel Blasco, por haber creído en mi primer libro y haberme ayudado a que viese la luz y a que creciese; y también por haberme animado a que redactase este segundo.

Gracias a todos.

ÍNDICE

Semana B

Semana C

Semana D

En mi primer libro comencé sus páginas recordando a todas aquellas personas que, con sus acciones o con su simple existencia, habían influido en mi vida para que yo hoy haya logrado ser lo que soy y estar donde estoy. Aunque parezca un simple formulismo que todos los escritores insertamos al principio de nuestras obras, realmente significa mucho más que eso. El mero hecho de recordar a los que han dedicado parte de su tiempo, y de su vida, a mejorar la nuestra, hace que la mente comience a fabricar sentimientos positivos y nos predisponga a recordar lo bueno que hemos tenido y, por supuesto, lo que ahora disfrutamos.

Por este motivo, y con la intención de ayudarte a ser consciente de la cantidad de personas que te rodean y para los que significas algo, párate durante unos minutos a pensar en todos ellos y dedícales a continuación unas palabras de agradecimiento, por supuesto por escrito.

GRACIAS A

INTRODUCCIÓN

Este volumen que tienes entre las manos es la culminación de un proyecto en el que he querido cambiar el enfoque que se tiene de los procesos de adelgazamiento. Casi todos los libros que se orientan a conseguir que sus lectores disminuyan los kilos incluyen principalmente menús, recetas y un sinfín de combinaciones de comida. Se centran sobre todo en el aspecto metabólico, pero descuidan un factor clave y fundamental si se quiere conseguir un resultado exitoso: el aspecto mental, psicológico y motivacional de la pérdida de peso.

El primer tomo de esta pequeña colección, el libro *Coaching nutricional para tener éxito en tu dieta* estaba más orientado a los preparativos de un plan para adelgazar. En él, proponíamos y planteábamos ejercicios y dinámicas encaminados a que el inicio en este complicado camino contase con una alta dosis de motivación y determinación.

En este segundo libro, quiero dar un paso más y abordar la perspectiva de ponerse a dieta cambiando las estructuras mentales que nos llevan a comer de una forma no adecuada para nuestra salud y nuestra cintura.

Para ello me sirvo de las técnicas del Mindfulness, una nueva corriente de salud adaptada de filosofías ancestrales y milenarias. La traslación que ha venido ocurriendo, desde hace unos años, de estas destrezas mentales a la escuela de la neurociencia es uno de los más prometedores horizontes que se nos abren para poder comprender y modificar, en un sentido positivo, nuestro cerebro. En estas páginas pretendo, además, hacer converger los recursos del Mindfulness con los de la alimentación, mostrando lo que ya se conoce como Mindful-Eating, una gran ayuda para reconducir la relación que muchos tenemos con la comida.

También te plantearé a lo largo de estas letras algunos ejercicios sencillos para que puedas llevarlos a cabo sin necesidad de ayuda externa, para que, progresivamente, vayas introduciéndote en el fascinante mundo del Mindfulness y del Mindful-Eating.

Aunque este libro se puede usar como continuación del primero, el de *Coaching nutricional para tener éxito en tu dieta,* he pretendido estructurarlos y organizarlos para que ambos se puedan leer y emplear de una forma independiente, de tal modo que no sea necesario haberse sumergido en uno de ellos para que el otro tenga sentido y utilidad por sí solo.

Evidentemente, llevar a cabo el proceso apoyado en las dos disciplinas que proponemos en ambos títulos, tanto el de Coaching como el de Mindfulness, ayudaría en gran medida a conseguir el objetivo que perseguimos de alejar la grasa de nuestro cuerpo y, sobre todo, de aprender los recursos que hemos de utilizar para que esta no vuelva a visitarnos nunca más

Antes de que comiences este libro de entrenamiento creo que es necesario recordarte algunas instrucciones que te indiqué en el anterior volumen, y que son fundamentales para que logres llevar a buen puerto tu empeño de éxito en la empresa de pérdida de peso que te has propuesto.

Es muy importante que intentes seguir todos y cada uno de los pasos que te sugiero en este libro-cuaderno de ejercicios. Que rellenes con boli o lápiz los recuadros que aparecen en blanco. Que te pares a escribir los espacios de sensaciones que aparecen, y que reúnas el tiempo suficiente, que no será mucho, para dedicarlo a ti y a realizar los ejercicios que te iré proponiendo. Me atrevo a asegurarte que, a los pocos días de comenzar a llevarlos a cabo, será tal el beneficio que tú mismo te notarás que estarás esperando que llegue ese momento diario para dedicártelo a ti mismo.

Si completas todo lo que te propongo, al final del libro te habrás convertido en otra persona, no solo de aspecto físico, sino también de «aspecto mental». Creo poder afirmarte que te sentirás más feliz y habrás encontrado aspectos dentro de ti que no intuías que atesorabas. Pero no te asombres por ello, esto es lo que consigue la técnica del Mindfulness. Disfrutar cada día de lo que somos y de lo que tenemos, para mostrarnos capaces de evolucionar y mejorar, como seres humanos, en todas nuestras facetas.

¡Ánimo y comienza a perseguir tu ÉXITO!

NORMAS A CUMPLIR
PARA QUE ESTE LIBRO DE EJERCICIOS SEA EFECTIVO Y CONSIGAS LLEVAR A BUEN PUERTO TU OBJETIVO.

RECUERDA, MUY, MUY IMPORTANTE

1 Dedica por lo menos cinco minutos todos los días a leer y trabajar los ejercicios y las dinámicas que aparecen en tu libro (preferentemente al final de tu día).

2 Haz, paso por paso y sin saltarte nada, todo lo que te indicamos y en su secuencia y momento correcto.

3 Sé completamente sincero a la hora de rellenar todos los ejercicios. Si no lo fueras, lo que ocurriría realmente es que te estarías engañando a ti mismo, y no hay nada más absurdo que mentirse a uno mismo, ¿no?

Cosas que debes hacer si quieres volver a **fracasar** a la hora de hacer una dieta

En el primer libro iniciamos una lista de situaciones típicas que suelen realizar las personas que comienzan un plan de adelgazamiento y que contribuyen a que sus esfuerzos sean baldíos y les lleven con más facilidad a fracasar y a abandonar su objetivo. En este libro-cuaderno de seguimiento, vamos a retomar la enumeración de esos errores y su relación con el Mindfulness para que estés avisado y preparado para que cuando lleguen puedas evitarlos.

Existen deslices en los que, prácticamente todos, caemos siempre que nos proponemos llevar a cabo nuestro objetivo de pérdida de peso. A partir de ahora te voy a poner sobre aviso de estos devastadores errores que, aunque a simple vista parecen nimiedades, van minando de forma lenta y constante nuestra determinación y fuerza de voluntad.

Recuerdo que cuando yo era un adolescente, leí en una novela, creo que de Emilio Salgari, la descripción de una tortura china que consistía en atar al reo a un poste e inmovilizar su cabeza con cuerdas; se le mantenía en esta posición durante días mientras se dejaba caer sobre un único y pequeño punto de su cuero cabelludo, una gota de agua de forma constante. Al cabo de cierto tiempo, ese incesante y suave golpeteo del líquido conseguía horadar en su cráneo un agujero que le producía terribles dolores. Pues bien, esos pequeños fallos que nosotros, sin ser conscientes de su consecuencia, cometemos, destrozan de igual forma nuestra capacidad de motivación y de perseverancia en nuestro empeño de eliminar los kilos. Es conveniente que los conozcamos porque la primera manera de vencer a tu enemigo es anticipar las artes que empleará en su misión de derrotarte.

Cuando comemos sin querer hacerlo existen determinados alimentos que sabemos que nos perjudican; aun estando prevenidos de esta circunstancia, lo hacemos como consecuencia de un estado mental que nos disgusta. Solemos usar a la comida como un gratificante o un sustitutivo de algo que nos falta.

Casi todo este comportamiento inadecuado está relacionado con emociones o sentimientos negativos. Identifica cuáles son los tuyos e intenta relacionarlos con los momentos en los que no puedes vencer tu deseo de comer sano y en sus horas.

Te señalo algunos de ellos que son frecuentes en casi todo el mundo, pero no te quedes solo en esos, procura averiguar y añadir los tuyos propios.

Ansiedad
Aburrimiento
Nerviosismo
Tristeza
Depresión
Insatisfacción
Enfado
Odio a uno mismo
Baja autoestima
Desánimo
Victimismo
Impotencia

La historia de Javier

Javier es un triunfador. Es uno de los mejores abogados de Madrid en su especialidad. Con 45 años está en la mitad de su vida, disfruta de una familia increíble, con cuatro hijos maravillosos, educados y cada uno de ellos estudiando en la universidad; una esposa que le quiere, que le mima y con la que comparte una complicidad envidiable y a la que profesa una verdadera devoción. Vive en una casa con jardín, que ya tiene pagada. Su vida está completamente encauzada y desde el momento actual, esta no puede hacer otra cosa más que mejorar. No tiene problemas de salud, así como tampoco los padecen ninguno de los miembros de su familia.

Pero no siempre ha sido así. Su infancia no fue muy fácil. No sufrió hambre y tampoco padeció privaciones, pero nadie le regaló nada. Su padre era un funcionario de nivel medio, y ellos eran siete hermanos, por lo que no disfrutaron de una abundancia material.

Por un lado, esto fue malo porque siempre tenía menos dinero y posesiones materiales que sus amigos, pero, por otro lado, tal circunstancia le obligó a «buscarse la vida» si quería disfrutar de una vida social aceptable. Desde muy joven vio muy claro que nadie le iba a conceder nada y que si quería colmar su ambición y ser admitido por su entorno social, debería espabilarse y moverse para alcanzar sus sueños. Esas carencias económicas, en aquellos primeros años de adolescencia, le impulsaron a realizar todo tipo de trabajos mientras cursaba sus estudios de derecho. Repartió correspondencia y publicidad por los buzones de las casas, recogió fruta durante los veranos, dio clases particulares a niños... Su pasión por el futbol le llevó a entrenar a equipos de fútbol infantiles. Le gustaba la música y se inscribió y realizó el primer año en la escuela municipal de esta disciplina.

Siempre estaba buscando nuevos retos que afrontar y nuevas formas de obtener beneficios para poder seguir subsistiendo.

Una vez concluidos sus estudios, entró a trabajar en una firma de abogados, y gracias a un arduo y continuó tesón y trabajo, fue escalando posiciones en la organización hasta que hoy es uno de sus miembros más destacados. No le importó tener que pasar noches enteras trabajando en los casos más difíciles; formarse continuamente en las nuevas legislaciones que iban apareciendo, ni estudiar todas las resoluciones judiciales relativas a su especialidad para ser el más docto en sus temas. Es lo que se llama un *self made man,* o traducido al maravilloso lenguaje español, eso que podríamos catalogar como un hombre hecho a sí mismo.

Y ese aprendizaje de la vida es del que se ha imbuido posteriormente durante todos sus años. Parece que siempre está maquinando empresas y actividades. Su mente no puede parar quieta. En una de mis primeras conversaciones con él, cuando acudió a mi consulta y nos conocimos, me aseguró que cuando veía una película en televisión no disfrutaba de ella, pues le parecía que pasar esas dos horas delante de la pantalla sin estar haciendo alguna actividad productiva, era una completa y absoluta pérdida de tiempo. Podríamos decir que le aquejaba una especie de «deformación profesional» del emprendimiento. Siempre necesitaba estar iniciando, o discurriendo, o maquinando nuevas metas.

Como señalaba antes, su vida completa era un éxito, era perfecta en todo. ¿En todo? Si era así, entonces, ¿para qué había acudido a mi consulta? Evidentemente tenía su talón de Aquiles y este no era otro que su incapacidad de controlar su relación con la comida. Sufría verdaderos ataques de bulimia y usaba a los alimentos como un remedio, no medicamentoso, para intentar controlar su ansiedad vital. Como resultado de todo ello, desde que comenzó su actividad profesional en el despacho de juristas, su peso había ido paulatinamente incrementándose y descontrolándose. Llevaba intentados mil y un métodos de adelgazamiento, y siempre con el mismo resultado: conseguía iniciarlos bien y perder peso al principio, pero el estrés laboral le requería al final de cada jornada una gratificación que compensase su ritmo acelerado. Y ese premio no era otro que la nevera que se le mostraba desafiante y majestuosa nada más atravesar la puerta de su casa y llegar a su cocina. Entonces, el Javier que todos conocían se desdibujaba, se transmutaba y surgía otro individuo que tomaba posesión de su cuerpo y, sobre todo, de su mente. Este nuevo Javier le impelía, le obligaba sin posibilidad de rechistar, a abrir la puerta del refrigerador y a comenzar a introducir en su boca todo tipo de alimentos altamente calóricos y desaconsejables. Me comentaba que no podía evitarlo, que esa otra personalidad era más fuerte que él, es más, que ni siquiera su cerebro se le antojaba como suyo, sino que se veía como abducido por un extraño. Una vez que ya había saciado su «apetito», cuando se daba cuenta de lo que había sucedido, los sentimientos de depresión, de baja autoestima y de rabia se apoderaban del verdadero Javier. Esta situación tenía lugar 365 días tras 365 días durante los últimos quince años. Pero debido a su espíritu luchador nunca había arrojado la toalla y siempre estaba investigando e intentando descubrir nuevos métodos para lograr domar uno de los pocos aspectos de su vida que no podía controlar.

Mi labor era complicada, porque no se trataba solamente de poner una buena dieta equilibrada en la que mi paciente pudiera comer absolutamente toda la cantidad que quisiera de lo que yo le marcase. El problema no era metabólico, el obstáculo estaba dentro de su mente.

El caso de Javier no es único, ni mucho menos extraño. Muchas de las personas que acuden a las consultas de pérdida de peso lo hacen una y otra vez, a pesar incluso de haber tenido «éxito» en intentos anteriores. Pero en la batalla contra los kilos, no solamente es importante el factor nutricional, el psicológico no le va a la zaga. Una persona puede estar realizando el mejor método de pérdida de peso desde el punto de vista nutricional, estar comiendo los mejores alimentos y en una proporción equilibrada, que le esté llevando a acercarse a la ansiada y necesaria disminución del tejido graso. Pero si no es capaz de llegar hasta el final de ese plan porque su grado de motivación, o no era el adecuado al principio, o no ha sabido mantenerlo en un nivel estable durante todo el proceso, lo normal es que abandone, que no consiga su meta. Si esto ocurre así, el plan ha fracasado. En las consultas médicas, o de nutricionistas, es muy frecuente que el profesional se centre y se enfoque tan solo en el aspecto alimenticio de su trabajo y se olvide, o pase por encima, el hecho de que enfrente tiene un ser humano con sus problemas o con unos hábitos de alimentación que no han sido los adecuados. Mientras no ahondemos en el cerebro de nuestros pacientes, comprendamos bien lo que pasa dentro de ellos y, sobre todo, cuáles son los esquemas mentales que les han llevado a abandonar unas pautas de alimentación saludables, si alguna vez las aprendieron y las tuvieron incorporadas a su día a día, no podremos ganar esta batalla que iniciamos otra vez, hoy en día, cuando están sentados delante de nosotros en nuestro despacho.

Podría parecer que nuestro trabajo profesional habría llegado a su fin cuando hayamos conseguido que uno de nuestros clientes alcance su peso ideal. Pero no es así. Mi experiencia de tantos años me ha enseñado que en buena parte de los «éxitos» conseguidos, los resultados se diluyen en apenas unos meses, y el paciente poco a poco, paulatinamente, sin prisa pero sin pausa, va incorporando a su anatomía los porcentajes de tejido adiposo que antes sufría.

¿Por qué ocurre esto? Pues básicamente porque durante todo el proceso anterior de pautas de alimentación hemos visto delante de nosotros un sistema cerrado físico y químico. Hemos considerado que lo que teníamos sentado al otro lado de la mesa de nuestro despacho, era un organismo vivo, con una serie de procesos biológicos, e incluso de modelos matemáticos en los que si introducíamos una modificación en las variables, disminuyendo por ejemplo la cantidad de calorías que le recomendábamos ingerir, obtendríamos como resultado final una respuesta adecuada en forma de merma de sus kilos. Pero hemos obviado que en esa ecuación matemática hay una constante desconocida y fundamental, la psicología del individuo; porque enfrente no se nos mostraba un organismo vivo, no. Mirándonos y demandando nuestro apoyo se encontraba un ser humano.

Desde el principio, y tras contarme su historia, Javier fue para mí una persona a la que había que ayudar a cambiar sus patrones de comportamiento y todos sus hábitos de alimentación. Pero no mudarlos por un tiempo limitado de uno o dos, o quizás cinco años, era necesario un aprendizaje que le sirviese para toda su vida. Y eso fue lo que comenzamos a hacer.

Estrés, cortisol y comida

El cuerpo humano es un sistema equilibrado, todos los organismos vivos lo son. El corazón, por ejemplo, tiene que moverse dentro de unos límites, con una cantidad determinada de pulsaciones. Si este número se sobrepasa por arriba, aparece taquicardia y, en situaciones graves, enfermedad y muerte. Lo mismo ocurre en caso contrario, si desciende por debajo de un parámetro mínimo de latidos, la bomba cardiaca no es capaz de llevar la sangre a todos los rincones de nuestro cuerpo y acaece también una patología que, si se agrava, puede conducir al fallecimiento. Para ello, todos nosotros disfrutamos de una serie de procedimientos de regulación que actúan cuando las pulsaciones se incrementan y llegan a una zona peligrosa; en ese momento, estos mecanismos de control despiertan su parte «apaciguadora», reconduciendo la frecuencia cardiaca a límites saludables. De la misma forma, si algo provoca que nuestro corazón empiece a moverse de forma más perezosa, se produce una cascada de reacciones fisiológicas, en sentido contrario, que procuran volver a introducirlo dentro de los márgenes normales de la salud.

Todo este entramado de procesos internos que se llevan a cabo en nuestro organismo está dirigido por dos sistemas fundamentales. Por un lado, el sistema nervioso que llamamos autónomo, denominado de este modo porque funciona sin que tengamos que preocuparnos conscientemente de activarlo. Y además de esta vía, y ayudándose mutuamente, tenemos el sistema endocrino, compuesto por diferentes sustancias químicas que todos conocemos como «hormonas», que también provocan cambios biológicos en nosotros.

La misión de estos ejes tan complicados es la de preservar al máximo nuestra vida. Es una sofisticada red de prevención que nos protege, a nosotros como animales que somos, de las posibles agresiones y peligros del entorno que nos rodea.

Dentro del sistema nervioso que antes he mencionado, cohabitan las dos, podríamos llamarlo así, «filosofías de la vida». Por un lado, está el sistema nervioso autónomo llamado «Simpático» y como contrapunto a este, tenemos el otro sistema nervioso autónomo llamado «Parasimpático». El primero, como su nombre indica, es un poco más «echao pa adelante». Es el que se despierta cuando hay alguna amenaza que nos acecha. Su misión consiste en preparar nuestro cuerpo (y el de todos los animales superiores) para afrontar o bien una lucha o bien una huida. Para ello, provoca una progresión de cambios en nuestro cuerpo: por ejemplo, determina que los bronquios se abran y que se incremente nuestro ritmo respiratorio (que respiremos más rápido y más veces por minuto), favoreciendo de esta forma que penetre una mayor cantidad de oxígeno en ellos. También acelera el corazón, consiguiendo que este gas vital que ha inundado los pulmones pueda alcanzar más fácilmente todos y cada uno de los rincones de nuestro cuerpo y, sobre todo, que los músculos estén mejor nutridos y más preparados para lo que a continuación tengamos que hacer. Igualmente, y de forma curiosa, este «Simpático» sistema produce que las pupilas se dilaten para que sean capaces de discernir mejor el entorno incluso en situaciones de poca luz; o inhibe el proceso de la digestión para ahorrar energía en las zonas de nuestra anatomía donde no es necesaria en este preciso instante de emergencia. Y otro síntoma muy llamativo es el que tiene lugar en la cavidad bucal, donde inhibe la fabricación de saliva, causándonos sequedad de boca. Esta última circunstancia es la que todos solemos notar cuanto tenemos que enfrentarnos a situaciones incómodas, como por ejemplo, la de hablar en público.

Por el contrario el sistema parasimpático realiza las funciones diametralmente opuestas a las que antes he descrito: disminuye el tamaño de las vías respiratorias así como el número de inspiraciones que necesitamos, el tiempo que dura cada una de ellas y también resuelve que las espiraciones sean más largas; tranquiliza la frecuencia del latido del corazón; retorna a la pupila del ojo a su tamaño normal y vuelve a estimular la digestión para recolectar los nutrientes necesarios para reponer la energía que hemos gastado en la fase anterior de lucha o huida. Finalmente, ayuda a que la cavidad bucal vuelva a fabricar y secretar la saliva que había desparecido.

De todo lo que anteriormente te he expuesto, me gustaría que retuvieses en tu mente dos características: por un lado, los cambios que se producen en la respiración en cada uno de los dos sistemas, y, por otro, la respuesta de la boca y de la salivación. Ambos los traeremos a colación más adelante y los utilizaremos como recursos para servirnos de unos trucos que nos ayuden en nuestro propósito con la comida.

Habitualmente ambos sistemas se encuentran en armonía, y la salud no es otra cosa que eso: armonía y equilibrio.

La otra pata de este banco está formada por las hormonas. Estas no son otra cosa más que «carteros» que recorren el organismo y se encargan de llevar una «misiva» determinada a cada una de las partes de nuestro cuerpo. Los mensajes son más o menos de la misma naturaleza que la que hemos expuesto cuando describíamos los sistemas nerviosos simpático y parasimpático. Algunas hormonas están encargadas de estimular y otras de inhibir esa estimulación. Y volvemos a lo de antes: cuando todo está bien, las hormonas también están equilibradas o, paralelamente, cuando las hormonas están equilibradas todo funciona correctamente.

En el momento en que un animal se enfrenta a una situación de peligro, activa, para defenderse y para sobrevivir, el sistema nervioso simpático, por un lado, y al mismo tiempo incrementa la secreción de determinadas hormonas específicas, entre ellas, la más importante y la que está teniendo un protagonismo más acuciado en los medios de comunicación a nivel popular hoy en día: el cortisol.

Este mediador químico se fábrica y se secreta en la glándula suprarrenal que es una pequeña formación anatómica del tamaño de una nuez, ubicada en la parte superior de ambos riñones. Este mensajero es también conocido por el gran público como cortisona o hidrocortisona.

Algunos de los cambios que experimentamos cuando su nivel corporal aumenta son el de incrementar la memoria y la atención; disminuir nuestra sensibilidad al dolor; o aumentar la presión sanguínea. Igualmente, determina que se eleve nuestra cifra de azúcar en sangre. La glucosa o azúcar es el combustible más rápido y fácil de usar por todas las células de nuestro organismo, pero particularmente en el caso de lucha o huida, son las células musculares y cerebrales las que más se van a beneficiar de este plus de «gasolina» en nuestras arterias. Se aseguran de esta forma que su energía va a estar disponible en ese corto periodo de tiempo en el que se van a enfrentar a la amenaza exterior. También me gustaría que tuvieses presente esta última circunstancia, porque nos va a ayudar a comprender mejor, más adelante, algunos postulados con relación a los hábitos de alimentación que a veces sufrimos.

Pero lo que también es clave, es conocer que estos dos sistemas, el del cortisol y el sistema simpático, son los que juntos se activan y se despiertan cuando nos sobreviene una condición muy frecuente en nuestra vida diaria: el estrés.

SISTEMA SIMPÁTICO

Cuando una situación estresante es puntual, es decir, aparece durante un instante, dura muy poquito tiempo y luego desaparece, el que se aviven las dos vías, la neurológica y la endocrina, consigue que alcancemos una mayor posibilidad de sobrevivir y vencer a esa contingencia. Imaginemos, sin ir más lejos, que estamos cruzando por una calle y súbitamente nos damos cuenta de que un coche se acerca a gran velocidad hacia donde nos encontramos. La rápida estimulación del sistema simpático y una pronta descarga en sangre de cortisol comenzarán a trabajar juntos para optimizar nuestra capacidad de obtener oxígeno en los pulmones, elevar la cantidad hemática de azúcar, —recordemos, la gasolina muscular—, favoreciendo mediante el aumento del ritmo cardíaco que ese oxígeno y esa glucosa alcancen todos los músculos de nuestro cuerpo. Por otro lado, despeja nuestra atención para estar centrados en hallar la respuesta más adecuada frente al peligro. Combinando todos estos factores conseguiremos reaccionar prontamente y seremos capaces de esquivar más fácilmente la amenaza y el atropello que se iba a producir. Esta colaboración de los dos sistemas nos ha salvado la vida.

Pero ¿qué ocurre cuando las amenazas que nos estresan se repiten constantemente, bien porque desde nuestro entorno nos sentimos continuamente presionados o bien porque nosotros mismos somos los que nos autoexigimos en demasía? Pues ni más ni menos que los efectos beneficiosos y salvíficos que han cumplido el sistema simpático y el cortisol cuando han actuado en una situación veloz y corta, ahora se tornan en todo lo contrario: empiezan a desgastar diversos aparatos del organismo y a provocar que nuestra recuperación sea cada vez más complicada. Estas consecuencias negativas se desencadenan tanto en la esfera física —hipertensión, arritmias cardiacas, alteraciones digestivas con acidez y malas digestiones, posibilidad de complicaciones metabólicas como diabetes y obesidad— como en la esfera psíquica, traduciéndose en insomnio, irritabilidad, ansiedad, nerviosismo, depresión e inquietud.

Piensa por un momento que todos estos síntomas te atacasen a ti. Puede que incluso los estés notando habitualmente en tu vida; seguro que te gustaría encontrar un remedio rápido para alejarlos, ¿no? Pues bien, ese remedio existe, es fácil de conseguir y logra que se desvanezcan todas esas sensaciones incómodas que te molestan. La mala noticia es el nombre que tiene ese remedio: es el azúcar o el dulce.

Efectivamente, la ingesta de algo dulce consigue, por unos breves minutos, disminuir tus cifras de cortisol. Es importante recordar ahora lo que antes te comenté: una de las consecuencias del incremento de esta hormona es elevar los niveles de azúcar en sangre; si nosotros aportamos desde el exterior esa glucosa, en forma de alimento, conseguiremos que la cantidad de esta dulce molécula se acreciente en nuestro torrente sanguíneo, como consecuencia de ello y, repito, durante un breve periodo de tiempo, también decrecerá la fabricación de cortisol en nuestras glándulas suprarrenales. Al existir una menor cantidad de esta hormona, los síntomas que produce, como son el nerviosismo, la inquietud, el malestar o el insomnio, van a desaparecer, o cuando menos, a mitigarse, durante un breve período. Pero esta sensación es suficiente para asociar la ingesta de dulces con un bienestar pasajero. Como consecuencia de todo ello, muchas personas usan los pasteles, el chocolate o los bollos como un remedio para calmar nuestra ansiedad, debido a que, cómo hemos averiguado, tiene su base fisiológica.

Y esto es ni más ni menos lo que le venía sucediendo a Javier durante toda su vida. Su autoexigencia constante le sometía a un estrés que él mismo se provocaba y que tiraba al traste todas las posibilidades de que obtuviese éxito en cualquier dieta. Salvo que hubiese algún método para conseguir controlar todo el cortejo sintomático que padecía.

DE ESTA PARTE QUE HEMOS FINALIZADO, ME GUSTARÍA QUE TE QUEDASES CON ALGUNOS CONCEPTOS QUE VAMOS A UTILIZAR EN DINÁMICAS POSTERIORES Y QUE VEREMOS EN OTRAS PARTES DE ESTE LIBRO:

1 El sistema simpático acelera nuestro ritmo respiratorio, tanto en número de inspiraciones como en la duración de cada una de ellas.

2 El sistema parasimpático hace justo lo contrario, tranquiliza nuestro ritmo, prolongando la duración de cada espiración.

3 El sistema simpático provocada un bloqueo en la fabricación de saliva. Hace que se nos seque la boca.

4 El sistema parasimpático favorece la fabricación de saliva.

5 El cortisol aumenta nuestros niveles de azúcar en sangre.

6 Tener niveles altos de cortisol provoca síntomas incómodos como ansiedad, insomnio, nerviosismo e incluso depresión.

7 Si aumentamos artificialmente nuestro nivel de azúcar en sangre ingiriendo más dulces, conseguiremos disminuir temporalmente nuestros niveles de cortisol.

SISTEMA PARASIMPÁTICO

¿Qué es el «Mindfulness»?

Tengo que acabar de escribir esto antes de la hora de comer. No me salen las ideas, no estoy inspirado. Aunque esta mañana el recorrido en bici no ha estado mal, yo pensaba que iba a estar más cansado. Mi hija no me ha escrito un WhatsApp, desde Milán, todavía hoy. Espero que ella esté bien. ¡Qué bonita es la catedral de Milán! Desde pequeño siempre ha ejercido en mí una atracción especial. Es una pena que mi hija no haya podido entrar en ella. Esta tarde tenemos que estar a las seis en la Gran Vía. No sé cuándo vamos a poder ir a un musical, habría que comprar entradas. Pero tener que ir a la taquilla es un rollo y no saber qué día o quién va a venir va a conseguir que nos lo perdamos. Ha mejorado mi dolor de rodillas, se nota que hace menos frío. No me va a dar tiempo a presentar los documentos antes de la fecha acordada. Tengo que ponerme a mirar en internet todas las facturas y descargarlas para poder hacer el balance de este año. Tengo hambre. Bueno, la verdad es que tengo mucha hambre desde que estoy un poco aburrido y me acuerdo de la comida. Por cierto, qué buenos estaban los tallarines con setas y salsa de parmesano que cené anoche. Dormí bien teniendo en cuenta que la cena fue fuerte. Qué mal está la situación política, cada vez suben más los impuestos y los servicios son peores. Aunque pensándolo bien, comparando nuestra sanidad con la europea, no estamos tan mal. Tengo que espabilar y terminar el trabajo del máster y llevo quince días sin abrir un libro sobre él. Tengo poco tiempo para acabarlo, tan solo quedan cuatro días de vacaciones y no voy a poder ver ni una sola película porque tengo mucho trabajo que terminar.

Todas las frases que acabo de enumerar son las que se me han ocurrido cerrando los ojos durante tan solo tres minutos y dejando que acudiesen a mi mente libremente. Conforme un pensamiento ha aparecido en ella lo he ido dictando. No he intentado centrarme en uno solo de ellos, sino que he dejado que fluyesen libremente en mi cabeza y que brotasen como quisieran, para posteriormente dejar hueco a otro completamente diferente, sin evocarlos, ni intentar retenerlos.

Voy a hacer ahora el mismo ejercicio, cerrar los ojos y dictar los pensamientos que aparecen en mi mente pero de una forma diferente; voy a tratar de centrarme tan solo en un concepto y a procurar retenerlo, sin distraerme con otros que puedan intentar introducirse en el escenario de mi atención para ver si soy capaz de lograrlo. La imagen elegida es la de una barra de pan encima de la mesa de la cocina.

Comienzo.
Veo la barra de pan encima de la mesa. El cristal de la mesa refleja las ventanas. Entra frío por las ventanas.
Vuelvo a la barra de pan de encima de la mesa y sigo visualizando.
Entra mi mujer en la cocina. Todo eso es un pensamiento, no es la realidad, estoy imaginando que entra ella en la cocina.
Vuelvo a la barra de pan de encima de la mesa. Veo a mi loro que está dentro de la jaula y silba.
Vuelvo a la barra de pan. Veo una imagen de mi casa desde afuera.
Vuelvo a la barra de pan e intentó imaginarme lo crujiente que está. Me imagino tocándola apenas un poco para comprobar su textura. Pero solo tengo que pensar en la barra de pan, no hacer nada con ella. Únicamente pensar y concentrar mis pensamientos en ella.
Me veo ahora dictando el ejercicio con los auriculares puestos y el micrófono.
Vuelvo a la barra de pan. Noto que me cuesta retener la imagen de la barra de pan; simplemente el pensar que me está costando conseguirlo, me hace alejarme de la imagen de la barra de pan sobre el cristal. Veo a mi suegra cocinando la paella en la cocina.
Vuelvo a la barra de pan. Me pica la cabeza y me rasco. Eso me hace alejarme de la imagen de la barra de pan pero yo vuelvo a la baguette. Otra vez me está entrando hambre, me disperso en

mi estómago y en la sensación que tiene. Me estoy alejando de la barra de pan.

Vuelvo otra vez a la barra de pan.

Fin de los tres minutos.

Según algunos estudios realizados se calcula que generamos cerca de 60.000 pensamientos al día, eso supone que cada minuto entran y salen de nuestra cabeza alrededor de 47 imágenes o ideas —casi un pensamiento por segundo—. Realmente nuestra mente va muy rápida y se asemeja a una olla a presión que estuviese continuamente bullendo. Por otro lado, también se estima que la mayoría de esas representaciones que fluyen a través de nuestras neuronas son negativas, repetitivas y, muchas de ellas, ancladas o relativas al pasado (recuerdos). Esta valoración peyorativa que nosotros mismos provocamos en nuestra mente, no consigue otra cosa más que desencadenarnos… estrés. Y ya sabemos lo que eso significa: sistema simpático, cortisol y todos sus correspondientes síntomas.

El Mindfulness surge como una adaptación de algunas antiguas corrientes filosóficas y se sirve de sus postulados para implementar un beneficio orgánico.

Antes de iniciar mi descripción quiero dejar bien claro que el Mindfulness no tiene nada que ver con ninguna interpretación religiosa, ni con cualquier proselitismo espiritual. En no pocas ocasiones, esta ciencia ha sido denostada por individuos que no la conocen, percibiendo erróneamente que sus practicantes pertenecen a algún tipo de secta y que reciben aprendizaje sobre estas disciplinas para conseguir lavarles el cerebro y captarlos como adeptos.

Nada más lejos de la realidad. Conforme nos vayamos adentrando en la explicación de su funcionamiento intentaré que esas ideas parásitas, si las hubiese, se diluyan.

La doctora Sara Lazar, de la universidad de Harvard, llevó a cabo un estudio, que luego se hizo famoso, en el que intentó averiguar qué cambios producía la meditación y el Mindfulness dentro del organismo humano. En concreto, se interesó por objetivar si se producía alguna modificación anatómica demostrable en las estructuras del cerebro. Los resultados fueron impresionantes. Entre otros hallazgos pudo comprobar que dos partes del encéfalo, denominadas corteza cingulada e hipocampo, habían aumentado de tamaño. Estas dos áreas cerebrales son las responsables de muchos de nuestros sentimientos y también de la atención, el aprendizaje, la memoria y la valoración que nosotros damos tanto al dolor físico como emocional. Otro de los descubrimientos que sacó a la luz fue el de que la comunicación entre la zona temporal y parietal de nuestro cerebro también se incrementó, y básicamente esto se tradujo en una mejoría de las relaciones sociales, de la empatía y del sentimiento de compasión que demostraban los sujetos estudiados. Y finalmente, en el caso que nos ocupa, que es el de nuestra relación con los alimentos, una pequeña región del cerebro denominada amígdala redujo su tamaño. Esta formación es la responsable de la ansiedad, el miedo y el estrés.

Todas estas revelaciones no se basaron en interpretaciones subjetivas sino en pruebas y cambios medibles a través de técnicas avanzadas de diagnóstico por la imagen.

Llegados a este punto, creo que no hay ninguna duda de que la meditación y su forma más actual, el Mindfulness, son una gran ayuda para enfrentarnos a nuestra relación de amor y odio con la comida.

Todos tenemos una idea más o menos aproximada de lo que es meditar. Pensamos que es cerrar los ojos e intentar dejar la vista en blanco. Si alguna vez hemos intentado sumergirnos en nuestra mente sin conocer las técnicas y fundamentos para evadirnos, nos hemos dado cuenta de que es prácticamente imposible mantener la mente absorta, sin que ningún pensamiento o imagen aniden en ella. Y al comprobar lo difícil que resulta, y también lo incómodos que nos encontramos al principio, asumimos con ligereza que nosotros nunca seremos capaces de meditar y, por ende, no nos planteamos ni siquiera la posibilidad de intentarlo.

La buena noticia es que toda esta afirmación es completamente falsa.

Imagínate que quieres aprender a bailar, por ejemplo, un tango. Si te fijas en la maestría que tienen dos bailarines profesionales y piensas que tú también quieres rozar la perfección de la misma manera que ellos, pero que como eres un patoso nunca vas ni remotamente a aproximarte a conseguirlo, lo normal es que desestimes la idea y ni lo intentes Pero si tu proceso mental es que, poco a poco, con un entrenamiento continuo, podrías llegar, después de un tiempo adecuado, a conseguir bailar casi igual de bien que ellos, posiblemente empieces a buscar una academia o un profesor para que guíe tus primeros pasos. Convéncete, además, de que cada pequeño logro que alcances y cada mejora que tú te demuestres, te provocarán una gran satisfacción. Es vital aprender a disfrutar de los pequeños retos que vamos superando.

Pues con el Mindfulness ocurre lo mismo, puede que no consigas poner tu mente *in albis* en dos semanas, pero lo que sí que te aseguro es que cada vez que concluya algunas de tus sesiones de entrenamiento, te vas a encontrar, tanto física como psíquicamente, mejor; y, además, la progresión va a ser espectacular desde los primeros momentos. Eso sí, es necesario que te plantees que todo adiestramiento requiere una disciplina y que, sin dedicarle mucho tiempo al día, los beneficios van a merecer grandemente la pena. Básicamente podríamos resumir la definición de Mindfulness en «lograr la atención plena en el momento presente». Al principio de este capítulo me he propuesto un experimento en el que iba dictando todos los pensamientos que se cruzaban por mi cabeza; tras tres minutos he vuelto sobre ellos para analizarlos y estudiarlos. Muchos se referían a situaciones vividas en el pasado, otros planteaban decisiones y acciones que tendría que tomar y realizar en el futuro. Y en muy pocas ocasiones centraba mi interés en el presente, en el momento actual que estaba viviendo. No era consciente de qué temperatura aclimataba la habitación, de qué sensaciones rodeaban a mi cuerpo, como por ejemplo la presión de mi piel sobre el respaldo de mi asiento, o la pesadez de mis músculos, o las percepciones internas de mi aparato digestivo.

El Mindfulness pretende, ni más ni menos, que seamos capaces de centrarnos, de experimentar, de darnos cuenta de todo lo que estamos viviendo en el presente instante en el que nos encontramos. Pero no se queda solamente en eso, sino que a partir de haber incorporado esa destreza, construye todo un entramado de impresiones positivas y nos brinda un desarrollo como personas que nos ayuda a superar muchas de las tensiones y pensamientos negativos que nos inundan continuamente.

¿Cuáles son las fases de un proceso de aprendizaje de Mindfulness?

El entrenamiento progresivo de un proceso de Mindfulness ha de pasar necesariamente por varias etapas en las que se van a ir adquiriendo cada una de las habilidades necesarias, en su orden correspondiente, para al final lograr disfrutar de la «atención plena», y poder sumirnos en ella tan pronto como nos lo propongamos.

Cada una de estas fases se ve ayudada por una serie de ejercicios en los que el neófito se va instruyendo. Son dinámicas, en la mayoría de los casos, divertidas y entretenidas y, sobre todo, nos producirán una evolución interna que apreciaremos ya desde el primer momento y de la que podremos aprovecharnos para mejorar tanto física como psíquicamente.

A lo largo de este libro iremos realizando todos y cada uno de estos pasos necesarios. Te propondré actividades para que vayas paulatinamente logrando adentrarte en las maravillosas sensaciones y resultados de esta técnica; y como, el título de este libro indica, iremos también adaptándolas al ámbito de la alimentación, para que puedas servirte y beneficiarte de ellas para mejorar tu relación con la comida.

¿Cómo vamos a conseguir que esto sea bueno para ti?

Ya hemos expuesto a grandes rasgos cuáles son las características, la filosofía y los beneficios que puede deparar este arte en los seres humanos. Pero es mejor no quedarnos solamente en la teoría.

La diferencia entre perseguir el éxito y alcanzar el éxito es pasar de los pensamientos a la acción. La historia de la humanidad está surcada de un gran número de hombres y mujeres en los que han brotado fantásticas ideas. Ideas capaces de cambiar el mundo y de mejorar su entorno y el de todos aquellos que les rodean. La pena es que, en muchas, muchas, muchas ocasiones se han quedado tan solo en eso, en planteamientos, en proyectos, en planes, en bocetos y nada más. No han mejorado la vida de sus semejantes porque no han dado el paso para transformarlas desde un genial propósito hasta una actividad materializada.

Por ello, tanto en mi anterior libro, *Coaching nutricional para tener éxito en tu dieta,* como en este volumen que tienes entre tus manos, pretendo que, no solo aprendas la teoría, sino que también te veas obligado a iniciar el camino mediante la práctica.

Toma un lápiz o un bolígrafo y rellena sobre estas páginas todos y cada uno de los ejercicios que te propongo en ellas. Por favor, no adelantes la lectura hasta que no hayas completado íntegramente la dinámica correspondiente que encuentres en sus carillas. Esta será la única forma de que vayas avanzando al ritmo necesario para que las enseñanzas prendan en ti una vez que has adquirido la base, la destreza y la programación mental necesarias e imprescindibles para que los pasos sucesivos adquieran el protagonismo y la fuerza suficiente para que sean realmente útiles en tu evolución.

Por ello, la primera dinámica que te propongo, e insisto en que la lleves a cabo con todo el interés que seas capaz de invertir, es que te centres en tu existencia actual y que te detengas, por un momento, a reflexionar en aspectos profundos de tu vida en los que habitualmente no reparas, y que pueden condicionar comportamientos parásitos que te perjudican una y otra vez y que no puedes explicar.

PASOS PREVIOS

AUNQUE AHORA PUEDAS PENSAR QUE ESTE EJERCICIO ES INTRASCENDENTE Y QUE NO VIENE A CUENTO CON EL MOTIVO DE ESTE LIBRO, POR FAVOR, REALÍZALO, PORQUE MÁS ADELANTE ENTENDERÁS CUÁL ERA SU FUNCIÓN.

LISTA DE LO IMPORTANTE EN MI VIDA

Rellena la lista de prioridades actuales de tu vida y coloca la de cambiar tu relación con la comida en el orden y lugar que le corresponde. Lista primero tus diez preferencias, y una vez realizado esto, escribe a la derecha de la que tú elijas, detrás de cuál de ellas está la de cambiar los aspectos alimenticios.

1 ....
2 ....
3 ....
4 ....
5 ....
6 ....
7 ....
8 ....
9 ....
10 ....

Los motivos

Uno de los aspectos fundamentales y necesarios que debemos incorporar antes de iniciar una práctica que nos va a requerir un sacrificio, es el de generar una alta dosis de motivación. Si nos encontramos predispuestos es mucho más fácil que nos mostremos más inclinados a dedicar un tiempo y un esfuerzo a recorrer los, a veces farragosos, pasos que debemos enlazar en el camino hacia la consecución del objetivo. Una buena herramienta para impulsarnos es que seamos capaces de anteceder en el tiempo y visualizar claramente los beneficios que este empeño nos va a reportar. Por ello te propongo, ahora, que en el recuadro de abajo coloques cinco circunstancias que van a mejorar en tu vida, una vez que hayas logrado alcanzar el dominio del Mindfulness, conociendo los beneficios físicos y emocionales que te he descrito que consiguen sus practicantes.

El título de este recuadro podría ser: «Cuando finalice mi entrenamiento conseguiré…», Después de concluirlo, relee con atención todos los enunciados apuntados para que, de esta manera, forjes en tu mente un plan de trabajo para que al final todos tus deseos pasen a convertirse en realidades; y conviene que vuelvas a leer esta lista todos los viernes al inicio de cada semana.

1 ....
2 ....
3 ....
4 ....
5 ....

¿Qué es el «Mindful-Eating»?

¿Cuándo fue la última vez que te diste un atracón? ¿Lo recuerdas? Intenta por un instante retrotraerte a aquel momento. ¿Dónde estabas? ¿Con quién? ¿Qué hora del día era? ¿Qué comiste? Pero, sobre todo, intenta responder a estas preguntas: ¿Lo disfrutaste? ¿Cómo te sentiste justo después del atiborramiento?

Pero no solamente vamos a referirnos, en estas páginas, a aquellas personas que tienen un comportamiento, digamos no adecuado. En ellas es quizás en las que más beneficiosas van a resultar estas prácticas de Mindful-Eating, pero también el resto de «comensales» pueden obtener un fruto provechoso de su aplicación en las costumbres culinarias.

Lo normal es que ahora, transcurrido un tiempo desde entonces, no seamos capaces de recordar todas las sensaciones que sentíamos en el preciso instante en el que estábamos ingiriendo esos alimentos. Y sencillamente no somos capaces de evocarlas porque en aquel momento lo importante no era la comida, lo fundamental para nosotros era tan solo llenar nuestro estómago para hacer desaparecer la sensación de hambre que nos atrapaba… O saturar nuestro cerebro de sensaciones gratificantes para conseguir disminuir los pensamientos, o situaciones negativas, o estresantes, que a él le atenazaban. Porque, queramos reconocerlo, o no, en muchas, muchas, muchas, muchas ocasiones no comemos para nutrirnos, lo hacemos para calmarnos, para sentirnos felices… de una forma artificial y engañosa.

¿Te sentiste feliz, realizado, satisfecho y a gusto contigo mismo después de concluir aquella comida? Y, si fue así ¿cuánto tiempo te duraron esas sensaciones?

Cuando nos damos panzadas de comida o cuando picoteamos alimentos qué sabemos que no deberíamos ingerir en ese momento, rara vez lo hacemos por el placer de comer; lo realizamos por la compulsión de llenar nuestro estómago hasta el punto de sentirnos empachados, o casi, o por el gozo efímero de domar nuestra apetencia, o para pasar rápidamente a realizar la siguiente actividad que nuestra repleta agenda de trabajo nos impone.

En esos instantes lo importante de la comida no es la calidad o cualidades de esta, es la cantidad o cantidades de ella. Por supuesto que iremos buscando alimentos que nos atraigan, que nos resulten agradables e incluso falsamente placenteros, pero no los percibiremos como deliciosos, ya que lo usual es que no dediquemos tiempo suficiente a valorar e impregnarnos de todos y cada uno de sus atributos. Pasamos muy rápido sobre el hecho de comer, porque lo que buscamos en ese instante es saciar una carencia, bien física —hambre—, engañosamente física —falsa sensación de hambre—, o claramente psíquica —ansiedad y nerviosismo, depresión...—. Con ello nos perdemos un abanico de pinceladas deleitosas que adornan a las viandas, como son la forma y el color, la presentación visual del plato, el tacto en manos y en la boca, el olor y el aroma y, sobre todo, el gusto, el retrogusto y la palatabilidad que permanece en nuestras papilas gustativas una vez que han pasado a la parte interna de nuestro aparato digestivo. Realmente, no somos conscientes al 100% de qué estamos comiendo y de todo lo que conlleva ese instante y ese primordial acto de nuestra vida.

El Mindful-Eating tiene como objetivo hacernos presentes y conscientes de todos esos placeres subyacentes en los que no estamos reparando.

A través de todas las etapas por las que transitaremos, desde que las iniciemos con un desconocimiento absoluto de las técnicas, hasta que las concluyamos, donde pretendo que, si bien sería presuntuoso conseguirlo al 100%, sí que me gustaría que hubieses adquirido las bases adecuadas para que, si así lo deseas, puedas ahondar más en el mundo del Mindfulness y trasladarlo a tu relación con la comida viviendo el Mindful-Eating.

Los objetivos de esta técnica son que:

• Seas consciente de «el hecho de comer».
• Disfrutes plenamente de los sabores, colores, texturas, y de todos aquellos atributos que rodean a un alimento o a una elaboración de ellos.
• Le otorgues más importancia a lo que comes.
• Rompas una serie de barreras o creencias con relación a la alimentación que te están convirtiendo en un esclavo de ella.
• Ceses de usar la comida como un «conseguidor» engañoso de la felicidad. Es cierto que un alimento sí que puede aportar en muchas ocasiones unos pequeños instantes de bienestar, pero el mantener ese estado de ánimo no radica solo en los momentos en los que lo ingerimos, y créeme, hay un mundo más allá de la comida que es imprescindible conocer y disfrutar.

Comencemos pues a mejorar tu mente.

MUY IMPORTANTE ANTES DE COMENZAR

A partir de este momento vamos a iniciar las dinámicas tanto de Mindfulness como las de Mindful-Eating.

Las voy a ir insertando progresivamente antes del comienzo del plan semanal de alimentación. Cada día te marcaré un ejercicio de Mindfulness que deberías realizar en esa jornada. Posteriormente, aplicaremos esa enseñanza adquirida en tu relación con la comida, convirtiéndola en una dinámica de Mindful-Eating.

Mi objetivo, cuando concluya este libro, es que hayas aprendido a cambiar tu apreciación sobre las circunstancias que rodean tu vida y la comida y que consigas dirigir, con un mayor control, tu relación con ellas.

Por ello es de vital importancia que:

NO TENGAS PRISA EN VER LOS RESULTADOS

· ·

NO QUIERAS TENER TODO ¡YA!

La palabra «prisa» proviene etimológicamente de la palabra latina *pressa,* que es el participio del verbo *premere* y que significa apretar, oprimir, presionar. Lo que nos conduce a que, cuando tenemos prisa en hacer o conseguir algo, realmente lo que estamos provocando no es otra situación que la de someternos nosotros mismos a una presión, y como ya hemos mencionado antes, esa presión se transforma en nuestro organismo en estrés y en toda la sintomatología derivada de él.

Por ello sería un contrasentido que emprendiésemos ahora un entrenamiento encaminado a librarnos de ese estrés, iniciándolo con una actitud que precisamente nos llevaría a él.

Alcanzar la perfección y la excelencia en cualquier rama de la vida requiere un entrenamiento adecuado. ¿Piensas que Rafa Nadal ha cosechado todos los éxitos que atesora de la noche a la mañana? No, sería absurdo creer eso. Todos nos admiramos de su tesón, trabajo continuo, entrenamiento duro y concienzudo, perseverancia y, sobre todo, de su admirable capacidad de sobreponerse a los contratiempos que le van surgiendo en su carrera, y cómo modifica su técnica para vencerlos y mejorar día tras día hasta alcanzar su formidable palmarés.

No pretendo que nosotros lleguemos a ser unos fuera de serie, pero sí que nos instruyamos de una forma adecuada para alcanzar un rendimiento que mejore nuestras condiciones de vida y de alimentación. Y como en todo aprendizaje, son precisas la paciencia y persistencia en el adiestramiento.

Si quieres lograr ese cambio debes tener presentes dos principios que deberás llevar a cabo con disciplina:

• Dedica todos los días, por lo menos una pequeña parte de tu tiempo, a realizar e instruirte en los ejercicios que te propongo.

• No tengas prisa en pasar a la siguiente dinámica, concéntrate en la que te toca realizar, e intenta ser lo más diestro posible en ella antes de sumergirte en la subsecuente.

SEMANA A

Primer objetivo del Mindfulness

Aprender a concentrarse

¿Recuerdas cuando en el capítulo en el que te introducía en el Mindfulness, llevaba a cabo un ejercicio en el que intentaba centrar mi atención en una barra de pan? Durante el tiempo que traté de visualizar solamente ese alimento, múltiples imágenes y pensamientos anidaron en mi mente, impidiéndome focalizarme solamente en el pan. No era capaz de centrarme de forma completa y exclusiva en mi objetivo.

Mi destreza en la concentración, en ese momento era baja.

Cuando muchos pensamientos visitan nuestro cerebro y no somos capaces de retener solamente uno de ellos, el cansancio intelectual se acrecienta. Si esto ocurre continuamente a lo largo de nuestra jornada cotidiana, ya sea en el trabajo, en casa, en los trayectos... al final del día nos sentiremos agotados.

Uno de los primeros beneficios que obtendremos cuando logremos dominar esta técnica es que notaremos una mayor relajación y reposo mental.

También seremos capaces de afrontar tareas con un mayor rendimiento y eficiencia.

Acuérdate de que estos resultados no los vas a notar justo después de la primera sesión de entrenamiento, aunque me atrevería a apostar contigo que sí que experimentarás un incremento en tu bienestar físico y emocional.

EJERCICIO DE MINDFULNESS

En esta primera semana vamos a trabajar la concentración aplicando secuencias del Entrenamiento Autógeno de Schultz.

Esta técnica fue desarrollada por el neuropsiquiatra alemán Johannes Heinrich Schultz y consiste en ir llevando la atención y concentración de nuestra mente hacia ciertas partes de nuestro cuerpo para conseguir apreciar en ellas una determinada sensación.

Cuando se desarrolla este procedimiento en su versión completa, la persona que se la autoaplica es capaz de conseguir provocarse un estado de relajación completa altamente beneficioso.

En nuestro caso no será necesario alcanzar tal nivel; nuestro interés es tan solo, de momento, ejercitar nuestra capacidad de concentración.

Cada día, a lo largo de la primera semana, iremos cambiando de zona corporal y de sensación.

Muchos de mis pacientes ponen reparos en iniciarse en estas disciplinas, aduciendo que «no tienen suficiente tiempo en su quehacer diario como para dedicar muchos minutos a su adiestramiento». Por favor, no te engañes, esta afirmación tan solo esconde miedo o desinterés en conseguir el cambio que se va a producir en ti. No es necesario dedicar media hora seguida cada día a realizar estos ejercicios; antes bien, es más recomendable habilitar diversos cortos instantes de pausa, a lo largo de cada jornada, para mejorar nuestra mente. Lo ideal sería destinar dos minutos como máximo, durante cuatro o cinco veces al día. ¿Seguro que no dispones de ese tiempo para ti? Si, en efecto, tu agenda está tan apretada que no te permite ni un resquicio para incluir en ella estas mínimas distracciones, mi consejo es que, ahora mismo, en este punto, cierres este libro y postergues su lectura y práctica hasta que realmente seas consciente de la importancia que tiene en tu vida cuidar tu salud. Cuando llegue ese instante, retómalo.

Tu brazo pesa

Para comenzar, es necesario que dispongas de un entorno tranquilo y cómodo en el que, por lo menos durante dos minutos, nadie te moleste. Prepara un cronómetro que te avise a los dos minutos de iniciar.

Colócate en una posición cómoda y relajada. Puedes estar tumbado o sentado en una silla.

En este primer ejercicio elige el brazo que en tu caso no sea dominante. Si eres diestro escoge el brazo izquierdo, si eres zurdo el derecho.

Si te encuentras tumbado, coloca los brazos ligeramente separados del cuerpo y apoyados en la cama o camilla de una forma estable, que no se caigan a los lados de ella, con las palmas hacia abajo. Si estás sentado, sustenta firmemente los pies sobre el suelo, con las piernas separadas unos 20 centímetros la una de la otra; tu zona lumbar debe asentarse firmemente sobre el respaldo y tus dos brazos reposarán sobre tus muslos con las palmas de las manos hacia abajo.

Cierra los ojos y concéntrate en el brazo seleccionado. Vas a intentar experimentar una sensación de peso en él.

Enfoca tu atención solamente en percibir cómo tu brazo parece estar fabricado de plomo; cómo sientes que se hunde sobre las sábanas de la cama o sobre tu muslo.

Cada vez lo adviertes más y más pesado. No eres consciente de ninguna otra cosa que te rodea, nada más que del lastre que parece estar adherido a tu extremidad.

Cuando a los dos minutos el reloj te avise, abre lentamente los ojos y mueve tu brazo para devolverlo a la realidad.

EJERCICIO DE MINDFUL-EATING

Realiza este ejercicio justo antes de empezar a comer.

Prepara un cronómetro que te avise transcurridos dos minutos de iniciarlo.

Colócate en la silla en una posición cómoda y relajada similar a la que te he indicado en la práctica anterior.

Cierra los ojos y concéntrate en esta ocasión en tu estómago. Siéntelo; intenta notar solamente las sensaciones que de él emanan.

Cuando a los dos minutos el reloj te avise, abre lentamente los ojos y disponte a comer.

Este es el único ejercicio con relación a Mindful-Eating que vas a realizar esta primera semana. Procura trabajarlo antes de todos los momentos en los que te sientes a la mesa. Lo normal es que al final de la semana tu capacidad de captación de las sensaciones que tienen lugar en tu aparato digestivo se haya incrementado y sean mucho más claras y nítidas.

Si no puedes realizarlo en todas las ocasiones, procura al menos ensayarlo cinco veces en estos próximos siete días.

¿Te cuesta permanecer dos minutos, tan solo dos minutos, sentado delante de tus alimentos sin iniciar su ingesta? Si sientes ansiedad, inquietud, desazón, mal humor o incomodidad por tener que diferir el comienzo de la comida, está claro que la técnica del Mindful-Eating está muy indicada para ti.

Plan de acción semanal

La misión fundamental de este libro, al igual que el primero de *Coaching nutricional para tener éxito en tu dieta,* es la de ayudarte a conseguir que cambies tus parámetros de actuación para con la comida. Lo normal es que ese comportamiento te haya provocado algunos desórdenes alimentarios y, como consecuencia de ellos, en la mayoría de los casos, nuestros lectores tendrán problema de sobrepeso. Para ayudarte a vencer ese desajuste en la báscula vamos a usar en este volumen preponderantemente las técnicas del Mindful-Eating, pero también vamos a rescatar algunas dinámicas que usamos en el libro anterior, encaminadas a servir de apoyo para lograr tu objetivo de disminuir la grasa.

Para todo ello vamos a realizar un plan de acción, semana a semana, en el que intercalaremos los ejercicios de Mindfulness, los de Mindful-Eating y otras dinámicas de vigilancia, para que seas consciente de la evolución que vas tomando en tu relación con los alimentos. También plantearemos registros de comidas, de ejercicio físico, de cambio de hábitos y algunas otras de inteligencia emocional.

Si ya vienes de leer y practicar lo que en el anterior volumen te exponía, lo que a continuación te describo no te coge ya de nuevas y sabrás cómo llevar a cabo las dinámicas. Pero en caso de que este sea tu primer encuentro con mis libros, permíteme que te explique someramente cuál es la forma de realizar y llevar a buen puerto el plan que a continuación te propongo.

En primer lugar, deberás rellenar la fecha en la que vas a iniciar tu trabajo semanal. Es recomendable que este día coincida con un viernes, que es el mejor momento para comenzar cualquier plan de pérdida de peso. Si quiere saber los motivos de esta afirmación te recomiendo que te conectes a internet y te dirijas a la siguiente dirección URL donde, en un vídeo, te explico en que me baso para asegurarlo.

http://sambeatcoach.com/empiezalunes.html

A continuación, escribe cuál es el peso que te ha mostrado tu báscula por la mañana recién levantado y sin ropa. Ese es el punto de partida. Ahora necesitamos saber dónde quieres que esté el de llegada al final de esos primeros siete días. Escríbelo en la escarapela dibujada en la página con la inscripción «Meta semanal».

Posteriormente a ello, anota en los apartados correspondientes:

• El tipo de dieta que vas a realizar.

• La cantidad de ejercicio que vas a practicar durante esta semana.

• Cuáles son los hábitos perjudiciales que tienes, que generalmente te hacen fracasar en tu empeño, y, sobre todo, qué recursos vas a emplear en esta ocasión para que estas malas costumbres no consigan, ahora, torpedear tu éxito.

• En función del plan de comidas que hayas escogido, enumera en la lista final de la página todos los alimentos que vas a necesitar para llevarlo a buen puerto y, finalmente, concluye también agendando que día vas a comprarlos.

META SEMANAL

60,4 Kg

EJEMPLO (MI PLAN)

Lo que voy a hacer para conseguir
mi meta semanal.

DIETA

Voy a hacer la dieta Son-1 del Método
San Pablo de Nutrición.

EJERCICIO

Esta semana voy a caminar como mínimo
21 kilómetros en total, a montar en bici un
total de 50 kilómetros y a bailar 10 minutos
4 días por semana.

PLAN PSICOLÓGICO
O HÁBITOS PARA ROMPER

No voy a comprar nada de chocolate durante
toda la semana. No voy a entrar en la cocina
pasadas las siete de la tarde (que es cuando
entro buscando algo para matar el aburrimiento
y que generalmente suele ser algo de comida).

LA LISTA DE LA COMPRA

Tomates, peras, manzanas, pasta...

Lo voy a comprar el día: Sábado

MUY BIEN, TENEMOS NUESTRO PLAN
PREPARADO Y DISPUESTO A SER CUMPLIDO.
INICIAMOS NUESTRO CAMINO HACIA EL ÉXITO

FORMA DE RELLENAR EL DIETARIO (DIARIO DE TU DIETA)

En cada día tienes una tabla que debes ir rellenando.

La tabla está divida en dos tipos de celdas. La primera con un borde más oscuro, donde escribirás lo que debes comer según te ha marcado la dieta que hayas elegido.

La otra celda con el borde más claro es donde debes escribir lo que realmente has comido en esa comida, al final del día.

> Ensalada de tomate, atún y aceite de oliva.
> Filete de ternera.
> Naranja

> Ensalada de lechuga, tomate, atún,
> aceite de oliva y aceitunas.
> Filete de ternera y dos patatas.

Es conveniente que rellenes los campos con el borde oscuro cada semana antes de empezar la dieta, anotando lo que vas a desayunar, comer, merendar y cenar todos los días de la semana.

Y completa los campos con borde claro (en los que pondrás lo que de verdad has comido) al final de cada día.

Señala con un rotulador amarillo todo aquello que has comido que no haya sido de la dieta —aunque hayas comido una pequeña cantidad—. También lo que no has comido, pero que deberías haber ingerido.

Al final de cada semana repasa todas las marcas amarillas que has registrado durante esos siete días.

> Ensalada de lechuga, tomate, atún, aceite
> de oliva y aceitunas. Filete de ternera y dos patatas.

ALGUNAS CONSIDERACIONES CON RELACIÓN AL EJERCICIO

Por supuesto que la práctica de un ejercicio físico regular contribuye a mejorar tu salud y tu pérdida de peso.

La mayoría tendemos a ponernos excusas para evitar realizar este «sacrificio». La más frecuente de ellas es «no tengo tiempo suficiente». ¿De verdad que no puedes disponer de cuatro minutos al día para realizar un ligero entrenamiento físico? Sí, con tan solo ese pequeño lapso sería suficiente como para activar tu metabolismo y favorecer la quema del tejido graso almacenado.

Dinámicas como bailar, saltar, flexionar tus rodillas, mover alocadamente tus brazos, subir escaleras, caminar rápido... conseguirían que los resultados que te devuelve la báscula, cada vez que te peses, fuesen más y más motivadores.

Cuando pregunto a mis pacientes si han practicado algún ejercicio físico durante las dos últimas semanas para apoyar a su método de adelgazamiento, en muchas ocasiones me contestan que sí, que han sacado a pasear al perro, que hacen la limpieza de la casa, que van andando a coger el autobús. Bien, estas actividades ayudan a romper el sedentarismo y la vida pasiva, pero ciertamente no poseen la intensidad suficiente como para que propicien un incremento importante en la desintegración del tejido graso. Para conocer si el esfuerzo que estamos realizando tiene una magnitud adecuada que nos ayude en ese propósito, tan solo debemos fijarnos en una circunstancia, si cuando estamos practicando algún tipo de movimiento o desplazamiento, este nos provoca una aceleración del ritmo respiratorio. Esta hiperventilación se debe a que nuestro cuerpo demanda más cantidad de oxígeno porque este es necesario para la combustión, y lo que estamos quemando es la grasa.

Por ello, mi principal consejo con relación al ejercicio es que lo hagas con la suficiente energía como para que te haga jadear.

¿Cómo establecer la meta de ejercicio semanal de una forma correcta?

Al iniciar un nuevo propósito, suele ocurrir que nuestro nivel de motivación se coloque por las nubes, «nos venimos arriba» y creemos ser un compañero de promoción de Superman o de Superwoman. Vamos a ir a por todas y nada se va a cruzar en nuestro camino. Pero al concluir la semana, ese ansia de superación, en no pocas ocasiones, se ha desinflado, y es ahí cuando, si no hemos sido suficientemente inteligentes a la hora de planificar nuestro entrenamiento semanal, «nos venimos abajo» y nos ponemos en peligro de abandonar nuestro proyecto.

Utilicemos la cabeza y algún pequeño truco para que el desánimo no eche al traste, a las primeras de cambio, nuestro objetivo.

Al principio de cada semana verás que te indico que decidas y escribas la cantidad de ejercicio que te comprometes a realizar durante esta. La intención de apuntarlo es para que te organices y de este modo te obligues a llevar a cabo ese entrenamiento. Si cuando inicias esos siete días te marcas una meta muy alta y, cuando concluya la semana, no has conseguido llegar a ella, tu mente empezará a generar pensamientos negativos lanzándote mensajes del tipo: «otra vez no he sido capaz de conseguir lo que me había propuesto», y esa afirmación será completamente devastadora para tu autoestima.

En esa casilla, la de «Ejercicio», apunta aspiraciones que se hallen por debajo de las que realmente estás dispuesto a cumplir. Por ejemplo, si crees que vas a poder bailar durante quince minutos cuatro días por semana, anota en tu libro «bailar quince minutos dos días a la semana». De esta forma si, cuando concluya tu etapa de siete días, tan solo has podido realizar tres días de baile a la semana, psicológicamente la imagen que tienes en tu mente es que has superado la meta que te habías señalado, y esa conclusión será altamente motivadora.

Fecha de comiendo de la semana:

Peso de comienzo:

PLAN DE ACCIÓN
4 minutos
(Lo que voy a hacer para conseguir mi meta semanal)
....
....
....
....

DIETA
....
....
....
....

EJERCICIO 6 minutos
....
....
....
....

PLAN PSICOLÓGICO
O HÁBITOS PARA ROMPER
....
....
....

LA LISTA DE LA COMPRA
Planifica a continuación todo lo que vas a necesitar esta semana
para poder realizar correctamente tu dieta sin que te falte nada,
y hazte una lista de la compra.
....
....
....
....

Lo voy a comprar el día:

«Las prisas dinamitan la perfección»

SEMANA A - Día 1 (viernes)

DESAYUNO
DEBO

2 minutos

DESAYUNO
HE HECHO
2 minutos

1/2 MAÑANA
DEBO

1/2 MAÑANA
HE HECHO

COMIDA
DEBO

COMIDA
HE HECHO

1/2 TARDE
DEBO

1/2 TARDE
HE HECHO

CENA
DEBO

CENA
HE HECHO

EL INFORME DE TU DÍA

1 minuto

Esta dinámica es de una gran ayuda. No pertenece a la esfera del Mindfulness ni a la del Mindful-Eating. Su función es la de ayudarnos a mantenernos en el camino correcto. Consiste básicamente en que repases la lista de alimentos que debías haber comido y la compares con los que realmente has ingerido. Y una vez realizado esto, comparte tu «buen comportamiento» o tus «pecados» con otra persona con la que tengas bastante confianza y que sepas que te va a apoyar en cualquier momento en que lo necesites. La actuación de tener que «pasar revista» a las conductas del día, en muchas ocasiones nos obliga a mantenernos fieles y disciplinados con nuestros cometidos gastronómicos.

Puede parecer que este acto que vamos a realizar sea infantil y carente de sentido en personas adultas y responsables, que es lo que creemos que somos; y puede que sea cierto, que seamos muy maduros en diversos ámbitos de nuestra vida —profesional, familiar, personal, social...— pero no en el de la comida, o ¿por qué si no estamos rellenado este libro? Lo hacemos porque solos no somos capaces de enfrentarnos con nuestros desafíos y tentaciones alimenticias. No es malo reconocerlo, ya que la verificación de nuestras debilidades es el primer paso para poder aniquilarlas y fortalecernos para vencerlas.

Potencia, pues, la comunicación con ese aliado que te ayudará mientras realices tu plan de pérdida de peso. Las peculiaridades ideales que deben revestirle son las de que debe ser una persona con la que convivas o a quien puedas llamar por teléfono en ese horario (no sirve enviar un mensaje, es necesario que puedas hablar directamente con ella), con las que tengas confianza suficiente para contarle tus «licencias» y a la que respetes como para comprometerte con ella en cumplir los ajustes en tu dieta que le vas a reafirmar llevar a cabo.

Si transcurrido un tiempo desde que colabora contigo está cansada, o tú intuyes que debes liberarla de esa responsabilidad, agradéceselo y localiza a otra alma caritativa que desee ser tu coligado en esta lucha en la que vas a ir, poco a poco, venciendo.

2 minutos

TU EJERCICIO

Escribe a continuación todo el ejercicio que hayas hecho hoy:

HOY HE HECHO ESTA CANTIDAD DE EJERCICIO

....
....
....
....

Calcula y apunta el ejercicio que llevas realizado esta semana y el que aún te queda por cumplir para completar tu meta semanal.

LO QUE ME FALTA PARA COMPLETAR MI META SEMANAL

....
....
....
....

TU MOMENTO MÁS POSITIVO DEL DÍA 6 minutos

En no pocas ocasiones, nuestro comportamiento «adictivo o compulsivo» con la comida esconde un trasfondo de disgusto con las circunstancias de la vida que nos está tocando vivir. No estamos satisfechos con nuestro papel en este mundo. Son pequeños detalles que van poco a poco minando nuestro estado de ánimo. Tenemos la sensación de no estar contentos, de que algo nos falta, en muchas ocasiones de que el día que hemos pasado ha sido una porquería. Si nos paramos a pensar y nos preguntamos el porqué de estas ideaciones, en la mayoría de las ocasiones no somos capaces de respondernos; simplemente es un sentimiento parásito que nos inunda y condiciona nuestro estado emocional. Y esa sensación de tristeza, ansiedad, hastío, mal humor, cansancio mental, desilusión... nos conduce en muchas coyunturas hacia la nevera o a aliarnos con el alimento inadecuado.

Pero si te detienes durante un instante cada día para analizar la jornada completa, te darás cuenta de que han existido momentos por los que ha merecido la pena vivir esas 24 horas; simplemente no reparamos en ellos porque somos más proclives a enfocarnos en lo negativo y a jugar a ser una víctima.

Comienza ahora, con este ejercicio, a cambiar esa mentalidad de víctima y aprende a disfrutar de lo que realmente tienes.

Escribe aquí algo que te haya pasado en este día por lo que merezca la pena haberlo vivido. Aunque *a priori* no encuentres nada, piensa que seguro que existe algún momento, por pequeño que este sea, que ha convertido esta jornada en positiva y diferente.
No dejes este espacio en blanco

....

....

....

....

....

....

....

LAS «MINI-METAS» DE CAMINO HACIA LA META

2 minutos

Las metas demasiado lejanas, en muchas ocasiones nos instalan en el acomodo y en la relajación. Vemos el objetivo a tan largo plazo que inconscientemente pensamos: «bueno, aún tengo tiempo, me puedo permitir algunas licencias». Nada hay tan destructivo para obtener un logro que la procrastinación, o dicho en castizo, el «mañana empiezo», y siempre cuando llega mañana, no soy capaz de cumplirlo y me vuelvo a repetir: «mañana empiezo».

Determina tu voluntad ya mismo. Inicia ahora tu camino, y para luchar contra esa lejanía debilitante, fíjate objetivos diarios que te obligues a cumplir al final de cada jornada.

Muchas de las personas que realizan el Camino de Santiago comentan, cuando traspasan la puerta de la catedral gallega, que realmente lo importante y lo enriquecedor, no es tanto llegar delante del santo, sino las vivencias del día a día de todas las jornadas que han transitado por ese itinerario y que permanecen en su memoria durante años.

Aprende a vivir tu particular travesía y enfócate cada noche en los beneficios que hoy has conseguido; tanto desde el punto de vista de tu salud, como en los progresos que has implementado en tus cambios de hábitos alimentarios, y por supuesto, contempla cómo, paulatinamente, estás más cerca de tu meta.

Lo que sí he hecho bien y los beneficios que me ha reportado

....
....
....
....
....
....
....

EJERCICIO DE MINDFULNESS

Durante el día de hoy hemos iniciado el paso previo para adentrarnos en un buen entrenamiento de Mindfulness. Conseguir concentrarte y enfocar tu mente en una parte de tu cuerpo, que en este caso ha sido tu brazo no dominante.

Recuerda que es deseable realizar las dinámicas durante breves períodos de tiempo y repetirlas al menos entre 4 o 5 veces al día. Procura hacerlo así durante todos los días de esta primera semana.

Para esta semana nos propondremos incrementar ligeramente y paulatinamente la dificultad del ejercicio.

Intenta practicar cada uno de ellos durante dos minutos y colócate en las condiciones ideales para llevarlos a cabo, esto es:

* Cronómetro preparado con los dos minutos marcados.
* Ambiente tranquilo en el que nadie te pueda molestar.
* Posición cómoda con los brazos reposando y las palmas de las manos dirigidas hacia abajo.
* Inicia tu concentración enfocando tu atención en el brazo no dominante; cuando consigas percibir claramente en él la sensación de peso, desplaza tu mente hacia el brazo contrario tratando de notar también que este se hunde, o en tus muslos o en la cama.
* Al final del tiempo, deberías notar ambos brazos muy pesados. Cuando ya domines la sensación de peso en ambas extremidades, incorpora en los días siguientes también la de calor, persiguiendo experimentar unos brazos pesados y calientes.
* Con este ejercicio basta por esta primera semana. Ya sé que te gustaría avanzar más rápido, pero te recuerdo que la esencia del Mindfulness es aprender a tranquilizar y relajar nuestra mente. Demos tiempo al tiempo.

RESUMEN DEL DÍA

La disciplina comienza con pequeños actos repetitivos que nos obligamos a realizar con una periodicidad constante. En la mayoría de las ocasiones, esta continua y machacona iteración nos resulta incomoda e impertinente, pero la realizamos porque somos conscientes de que es un tributo necesario que debemos pagar para proseguir en nuestro camino hacia el éxito.

Muchas veces nos vemos tentados de obviar y pasar por encima de un ejercicio que deberíamos haber completado. Se ha convertido en una labor tediosa a la que no le damos una importancia capital en nuestro proceso. Nos decimos: «total, pero si esto es una tontería y una chorrada, por un día que no lo rellene no pasa nada». Pues créeme si te digo que esos pequeños «olvidos» o «licencias» que nos permitimos, son el comienzo de un relajo en las buenas costumbres que vamos adquiriendo e incrementando; son el primer paso para disculparnos con nosotros mismos y para abocarnos a un progresivo e inconsciente abandono de nuestra labor. Es ese pequeño autoboicoteador que todos llevamos dentro el que nos induce a comportarnos de esta forma porque sabe que, taimadamente, va a lograr irse, de nuevo, incorporando a nuestra vida. No se lo permitas y no dejes de realizar ninguno de los ejercicios que te propongo en este libro, por tonto que parezca.

Marca ahora las tareas que has realizado hoy:

🍎 **LISTA DE COMIDAS**   ☐ 🍎
🏃 **EJERCICIO**   ☐ 🏃
☺ **MOMENTO POSITIVO**   ☐ ☺
☑ **MINI-META**   ☐ ☑
👁 **INFORMAR**   ☐ 👁
i **EJERCICIO DE MINDFULNESS**   ☐ i
⚙ **EJERCICIO DE MINDFUL-EATING**   ☐ ⚙
☷ **LEER LISTA DE LOS MOTIVOS**   ☐ ☷

Primer error a evitar

Lamentarse de que haya gente que pueda comer todo lo que quiera y no engorde

«Pues mi vecino Fulanito come todo lo que quiere y no engorda nada. Este fin de semana hemos estado en una casa rural y se ha puesto como el Quico, y ahí lo ves, como "una sílfide"».

¿Recuerdas cuando hace unas páginas te proponía una dinámica en la que tenías que fijarte y apuntar los momentos del día positivos, aquellos que recordaremos dentro de unos años con cariño y que son los que nos hacen sentir que merece la pena vivir?

Ese ejercicio estaba programado para hacer frente y combatir a una serie de mensajes que nos lanzamos continuamente y que están encaminados a destruir nuestra determinación. También al principio del libro te comentaba que miles de pensamientos asaltan nuestra mente cada día y que la mayoría de ellos son de índole negativa, anclados en el pasado u orientados hacia el futuro y que todas esas connotaciones nos apartan de lo que realmente pretendemos alcanzar.

La frase con la que inicio este capítulo es uno de esos parloteos nefastos; nos la está disparando claramente nuestro autoboicoteador interno. Ese que no quiere que nos esforcemos. Ese comodón que está bien como está; que nos frena siempre que queremos emprender algo.

Antes de seguir con mis argumentos quiero explicarte algo acerca de la «zona de confort». Se llama «zona de confort» a toda aquella situación en la que nos encontramos cómodos. Es el entorno que hemos ido construyendo alrededor de nosotros durante nuestra vida para protegernos de las influencias externas que puedan resultar nuevas y extrañas. En ese área de comodidad donde nos sentimos a salvo; nadie ni nada nos puede lastimar. Es como una habitación del pánico, donde nadie puede entrar.

Te imaginas vivir toda tu vida dentro de la seguridad de ese recinto. Sin salir para nada. ¿No te resulta angustioso? Pues eso es lo que pretende ese pequeño parásito de la pasividad que todos tenemos en la mente, que te quedes ahí, que no te expongas al exterior. En otras palabras, que no evoluciones ni progreses. Que no te enfrentes al esfuerzo que pueda conducirte a conseguir tus objetivos. Y todo eso lo hace simplemente porque él es un mediocre que quiere seguir toda su vida siéndolo. De ti depende el que no lastre la tuya uniéndola a la de él, convirtiéndola en una existencia en apariencia tranquila pero realmente gris y vacía.

Bien, pues esas comparaciones con los demás son algunas de las armas que emplea para frenarte en tu deseo de ser mejor.

¿Que Fulanito come todo lo que quiere y no engorda? Vale

¿Y? ¿A ti que más te da? Estoy casi seguro de que cuando tienes esas ideas, incluso estarás pendiente, en los restaurantes, de fijarte en las personas delgadas que están a tu alrededor y que comen sin miramientos, para reafirmarte en la idea de que el mundo y la vida se han aliado contra ti.

Párate a pensar un poco y analiza qué estás queriendo decir cuando te quejas de ello. Porque eso no es otra cosa que una queja. Te lamentas de la mala suerte que tienes al no poder comer como Fulanito. Pero esa mala fortuna la tienes tú… y el 90% de la población. Tan solo el 10% —más o menos— puede empapuzarse y no engordar. Al resto nos toca sufrir y apechugar con nuestro «antipático» metabolismo. Pero no por ello vamos a claudicar y a abandonarnos al descuido y al sobrepeso.

Permíteme que te relate un caso ficticio. Imagínate que tienes un hijo con un coeficiente de inteligencia normal, inteligente pero sin pasarse. Y tu amiga Paca tiene una hija que es un genio, con una capacidad intelectual fuera de lo normal. Ambos vástagos deciden comenzar la carrera de ingeniería. Pero, claro está, con las dotes cerebrales de la niña, dichos estudios son para ella un paseo militar. Para tu hijo el asunto se muestra diferente. Va aprobando sus asignaturas, pero debe dedicar el triple de horas que su amiga para conseguirlo.

Y ahora yo te pregunto: ¿Es eso una injusticia? Y lo más importante, cuando él haga referencia con amargura a lo difícil que le está resultando su esfuerzo comparado con el de su compañera, ¿le dirás tú a él: «claro, es que Fulanita en más inteligente que tú, y eso no es justo. Lo mejor es que abandones tus estudios y te dediques a otra cosa menos complicada»?

Yo creo que no. Estoy casi seguro de que actuarás intentado motivarle, mostrándole que él tiene capacidades más que suficientes para lograr su objetivo, le argumentarás que por supuesto le costará más, y le harás hincapié en que se olvide de ella y que se centre en su esfuerzo, ya que al final se verá recompensado.

¿Por qué no lo haces también contigo? ¿Por qué no dejas de una vez de buscar excusas para abandonar?

De acuerdo, ya sé que hasta que llegues a tu meta tendrás un camino difícil. Todo reto importante lo tiene. Quizás deberías pararte a valorar si, realmente, lo quieres conseguir. Es ahora el momento de que vuelvas a la página donde anotaste en esa lista de «Los Motivos» por lo que te has embarcado en esta aventura. Que te visualices también a ti mismo al final de tu recorrido y con tus expectativas cumplidas, y, sobre todo, que intentes sentir ahora los sentimientos que tendrás entonces. ¿Merecen la pena? Yo creo que sí. Olvídate entonces de los demás y lucha por lo tuyo.

Cada uno tiene su vida, con sus circunstancias personales, que en algunos aspectos serán mejor que las tuyas y en otras peor. Compararse con los demás siempre es malo, porque además tendemos a hacerlo contrastando los acontecimientos positivos de los otros con esas mismas situaciones cuando nos suceden a nosotros, y siempre lo hacemos cuando suelen ser peores que las de ellos. Simple y llanamente eso se llama tener envidia. Y la envidia, mal dirigida, es uno de los sentimientos que más consume nuestra energía.

Con respecto a la envidia, hay una buena noticia. La puedes utilizar en tu beneficio. Yo lo hago muchas veces. Cuando conozco a alguna persona que ha conseguido un resultado importante, a un triunfador, y que por su trayectoria tiene algo de lo que yo carezco, mi primera emoción es tenerle envidia. Pero rápidamente mudo ese sentimiento por el de admiración y, hablando con ella, y preguntándole, intento averiguar lo máximo que pueda acerca de cómo lo ha logrado y, sobre todo, intento aprender cómo podría hacerlo yo también. Y aplico en mí todo aquello que me pueda hacer mejorar.

Y una última cosa, por favor, ¡haz todo lo posible para salir de tu zona de confort y permanecer fuera de ella todo el tiempo que puedas! Es la única forma que tendrás de aprender, de disfrutar de la vida y de no pasar por ella como un vegetal. De verdad que merece la pena.

«No te preguntes qué podrías hacer para cambiar las cosas; pregúntate qué vas a hacer, cuándo lo vas a hacer, pero, sobre todo, respóndete»

SEMANA A - Día 2 (sábado)

DESAYUNO
DEBO   🕐 2 minutos

DESAYUNO
HE HECHO   🕐 2 minutos

1/2 MAÑANA
DEBO

1/2 MAÑANA
HE HECHO

COMIDA
DEBO

COMIDA
HE HECHO

1/2 TARDE
DEBO

1/2 TARDE
HE HECHO

CENA
DEBO

CENA
HE HECHO

HOY HE HECHO ESTA CANTIDAD DE EJERCICIO

2 minutos

....
....
....
....

LO QUE ME FALTA PARA COMPLETAR MI META SEMANAL

LLEVO EN TOTAL   **ME FALTA AÚN**

....
....
....
....

TU MOMENTO MÁS POSITIVO DEL DÍA

4 minutos

....
....
....

TUS MINI-METAS DEL DÍA

2 minutos

....
....
....

MARCA AHORA TUS TAREAS DEL DÍA

- 🍎 LISTA DE COMIDAS ☐ 🍎
- 🏃 EJERCICIO ☐ 🏃
- ☺ MOMENTO POSITIVO ☐ ☺
- ✅ MINI-META ☐ ✅
- 👁 INFORMAR ☐ 👁
- ℹ EJERCICIO DE MINDFULNESS ☐ ℹ
- ⚙ EJERCICIO DE MINDFUL-EATING ☐ ⚙

«La firme determinación de lograr un
objetivo, es el 90% del camino a recorrer»

SEMANA A - Día 3 (domingo)

DESAYUNO
DEBO
2 minutos

DESAYUNO
HE HECHO
2 minutos

1/2 MAÑANA
DEBO

1/2 MAÑANA
HE HECHO

COMIDA
DEBO

COMIDA
HE HECHO

1/2 TARDE
DEBO

1/2 TARDE
HE HECHO

CENA
DEBO

CENA
HE HECHO

HOY HE HECHO ESTA CANTIDAD DE EJERCICIO

2 minutos

....
....
....
....

LO QUE ME FALTA PARA COMPLETAR MI META SEMANAL

LLEVO EN TOTAL

....
....
....
....

ME FALTA AÚN

....
....
....
....

TU MOMENTO MÁS POSITIVO DEL DÍA

4 minutos

....
....
....

TUS MINI-METAS DEL DÍA

2 minutos

....
....
....
....

MARCA AHORA TUS TAREAS DEL DÍA

- 🍎 LISTA DE COMIDAS ☐ 🍎
- 🏃 EJERCICIO ☐ 🏃
- 😊 MOMENTO POSITIVO ☐ 😊
- ✅ MINI-META ☐ ✅
- 👁 INFORMAR ☐ 👁
- i EJERCICIO DE MINDFULNESS ☐ i
- ⚙ EJERCICIO DE MINDFUL-EATING ☐ ⚙

«Las veces que más he crecido en mi vida ha sido como respuesta a una amenaza»

SEMANA A - Día 4 (lunes)

DESAYUNO
DEBO
🕐 2 minutos

DESAYUNO
HE HECHO
🕐 2 minutos

1/2 MAÑANA
DEBO

1/2 MAÑANA
HE HECHO

COMIDA
DEBO

COMIDA
HE HECHO

1/2 TARDE
DEBO

1/2 TARDE
HE HECHO

CENA
DEBO

CENA
HE HECHO

HOY HE HECHO ESTA CANTIDAD DE EJERCICIO

2 minutos

....
....
....
....

LO QUE ME FALTA PARA COMPLETAR MI META SEMANAL

LLEVO EN TOTAL	ME FALTA AÚN
....	....
....	....
....	....
....	....

TU MOMENTO MÁS POSITIVO DEL DÍA

4 minutos

....
....
....
....

TUS MINI-METAS DEL DÍA

2 minutos

....
....
....
....

MARCA AHORA TUS TAREAS DEL DÍA

- 🍎 LISTA DE COMIDAS ☐ 🍎
- 🏃 EJERCICIO ☐ 🏃
- 😊 MOMENTO POSITIVO ☐ 😊
- ✅ MINI-META ☐ ✅
- 👁 INFORMAR ☐ 👁
- i EJERCICIO DE MINDFULNESS ☐ i
- ⚙ EJERCICIO DE MINDFUL-EATING ☐ ⚙

«Identifica tus posibles amenazas, haz una lista con ellas y escríbela. Ya tienes un punto por donde empezar a trabajar para crecer»

SEMANA A - Día 5 (martes)

DESAYUNO
DEBO
2 minutos

DESAYUNO
HE HECHO
2 minutos

1/2 MAÑANA
DEBO

1/2 MAÑANA
HE HECHO

COMIDA
DEBO

COMIDA
HE HECHO

1/2 TARDE
DEBO

1/2 TARDE
HE HECHO

CENA
DEBO

CENA
HE HECHO

HOY HE HECHO ESTA CANTIDAD DE EJERCICIO

2 minutos

....
....
....
....

LO QUE ME FALTA PARA COMPLETAR MI META SEMANAL

LLEVO EN TOTAL	**ME FALTA AÚN**
....	....
....	....
....	....
....	....

TU MOMENTO MÁS POSITIVO DEL DÍA

4 minutos

....
....
....

TUS MINI-METAS DEL DÍA

2 minutos

....
....
....

MARCA AHORA TUS TAREAS DEL DÍA

- 🍎 LISTA DE COMIDAS ☐ 🍎
- 𝒌 EJERCICIO ☐ 𝒌
- ☺ MOMENTO POSITIVO ☐ ☺
- ✅ MINI-META ☐ ✅
- 👁 INFORMAR ☐ 👁
- i EJERCICIO DE MINDFULNESS ☐ i
- ⚙ EJERCICIO DE MINDFULEATING ☐ ⚙

Segundo error a evitar

Utilizar constantemente el condicional «Si»

«Si no tuviera que hacer la comida». «Si alguien me ayudase». «Si no tuviese que salir tanto…». Hay muchos condicionales «Si» que solemos usar como excusa para no querer cambiar nuestra relación con la comida. Hay muchos trucos a los que podemos recurrir para fracasar, una vez más, a la hora de ni siquiera intentar llegar a nuestro objetivo.

¿Qué pasa si tienes que cocinar la comida? Que estarás sujeto a todas las tentaciones que conlleva estar rodeado de todos los alimentos sabrosos y olores apetitosos que aparecen al guisar. Muy bien. Esto es una dificultad añadida. ¿Pero quien nos dijo que nuestra tarea iba a ser fácil? Toda empresa tiene sus obstáculos y esta también. El ponerte condicionales y buscar todos los impedimentos que vas a encontrar en tu camino, lo único que va a conseguir es distanciarte aún más del lugar al que quieres llegar.

Por supuesto que vas a tener que poner de tu parte. Pero, ¿eso te frena? Si es así, mi consejo es que ni siquiera lo intentes. Porque no lo vas a conseguir. Tu mente, tu persona, no está aún lo suficientemente motivada para iniciar el reto.

Pregúntate: «¿Para qué quiero hacerlo?» Repasa la lista de motivos que has debido confeccionar antes de comenzar con este programa y vuelve a valorar si todos y cada uno de los puntos que ahí escribiste siguen teniendo vigencia ahora mismo. Si dudas en alguno de ellos, si piensas que ya no es tan importante como lo era entonces para ti, quizás es que no deberías seguir persiguiendo ese sueño. Simplemente estás ya cansado, has perdido la fe y confianza en ti mismo y cada vez se te va a hacer más cuesta arriba el camino a recorrer.

Pero permíteme que te diga una cosa: a todos los que luchamos por conseguir perder peso; a todos los triunfadores que han llegado a su sueño en cualquier rama de la vida, empresarios, cantantes, deportistas, científicos… les ha pasado, en mayor o menor medida, lo que ahora te está sucediendo a ti cuando te planteas esos «si no tuviese que...», «si yo fuese más...», «si no me hubiera ocurrido ...». La diferencia entre ellos y la gente que se ha quedado a medio camino de lograr su meta es que los primeros han sabido dar una respuesta que yo llamo de «patada hacia delante». Esto vendría a ser algo así como: «Sí, es cierto que las circunstancias se están aliando contra mí, pero esto es lo que hay. Por eso he decidido olvidarme de los impedimentos y enfadarme y revolverme en contra de ellos y utilizarlos para ir más rápido aún y con más determinación hacia mi meta».

¿Cómo consigues que una situación que *a priori* se presenta como negativa te pueda ayudar? Sencillamente buscando en ella qué aspecto es tributario de servirte como aprendizaje. Cuando más aprendemos es cuando tenemos que buscarnos las castañas. (sí, ya sé que la expresión correcta es o «buscarnos la vida» o «sacarnos las castañas del fuego», pero para realizar aún más el sentimiento me gusta usar una fusión de ambas, de esa forma enfatizo lo importantes que son los problemas para nuestro desarrollo personal). De hecho, en el colegio, en las clases de matemáticas, lo fundamental para poder ser un matemático avezado y con soltura es entrenarse resolviendo problemas. Cuantos más hayas solventado, más fácil será que puedas desentrañar la solución de los que te lleguen, más complicados, en el futuro.

En la vida ocurre lo mismo. Enfréntate a lo que te viene dado, por muy complejo que se aparezca, con la firme determinación de que no te amilane y buscando siempre averiguar qué es lo que puedes aprender de la situación.

«Cualquier cosa que emprendas, hazla disfrutando y lo mejor que sepas. Y cuando ya la hagas perfectamente, pregúntate cómo puedes mejorarla»

SEMANA A - Día 6 (miércoles)

DESAYUNO
DEBO
2 minutos

DESAYUNO
HE HECHO
2 minutos

1/2 MAÑANA
DEBO

1/2 MAÑANA
HE HECHO

COMIDA
DEBO

COMIDA
HE HECHO

1/2 TARDE
DEBO

1/2 TARDE
HE HECHO

CENA
DEBO

CENA
HE HECHO

HOY HE HECHO ESTA CANTIDAD DE EJERCICIO

2 minutos

....
....
....
....

LO QUE ME FALTA PARA COMPLETAR MI META SEMANAL

LLEVO EN TOTAL

....
....
....
....

ME FALTA AÚN

....
....
....

TU MOMENTO MÁS POSITIVO DEL DÍA

4 minutos

....
....
....

TUS MINI-METAS DEL DÍA

2 minutos

....
....
....

MARCA AHORA TUS TAREAS DEL DÍA

- 🍎 LISTA DE COMIDAS ☐ 🍎
- 🏃 EJERCICIO ☐ 🏃
- ☺ MOMENTO POSITIVO ☐ ☺
- ✅ MINI-META ☐ ✅
- 👁 INFORMAR ☐ 👁
- i EJERCICIO DE MINDFULNESS ☐ i
- ⚙ EJERCICIO DE MINDFUL-EATING ☐ ⚙

«No esperes a que la vida te enseñe algo, es mejor que tú aprendas de ella. Que te enseñe es una actitud pasiva, que tú aprendas es activa»

SEMANA A - Día 7 (jueves)

DESAYUNO
DEBO
2 minutos

DESAYUNO
HE HECHO
2 minutos

1/2 MAÑANA
DEBO

1/2 MAÑANA
HE HECHO

COMIDA
DEBO

COMIDA
HE HECHO

1/2 TARDE
DEBO

1/2 TARDE
HE HECHO

CENA
DEBO

CENA
HE HECHO

HOY HE HECHO ESTA CANTIDAD DE EJERCICIO

2 minutos

....
....
....

LO QUE ME FALTA PARA COMPLETAR MI META SEMANAL

LLEVO EN TOTAL

....
....
....

ME FALTA AÚN

....
....
....

TU MOMENTO MÁS POSITIVO DEL DÍA

4 minutos

....
....
....
....

TUS MINI-METAS DEL DÍA

2 minutos

....
....
....

MARCA AHORA TUS TAREAS DEL DÍA

- 🍎 LISTA DE COMIDAS ☐ 🍎
- 🏃 EJERCICIO ☐ 🏃
- ☺ MOMENTO POSITIVO ☐ ☺
- ✅ MINI-META ☐ ✅
- 👁 INFORMAR ☐ 👁
- ⅰ EJERCICIO DE MINDFULNESS ☐ ⅰ
- ⚙ EJERCICIO DE MINDFUL-EATING ☐ ⚙

Comprueba los resultados

Hoy es viernes por la mañana, la semana ha llegado a su fin, es hora de verificar y valorar los resultados obtenidos y compararlos con los objetivos que te propusiste al inicio de esta.

Anota el peso con el que comenzaste la semana o la meta de salud nutricional que habías conseguido la semana anterior (por ejemplo, comer dos piezas de fruta al día):

PESO DE INICIO DE ESTA SEMANA

META DESEADA AL FINAL DE LA SEMANA

Apunta a continuación la meta que te marcaste al principio de estos 7 días

....
....
....
....

META OBTENIDA AL FINAL DE LA SEMANA

Ahora escribe el resultado que has tenido

....
....
....

Finalmente describe con un adjetivo, tanto si has llegado a donde te propusiste como si no lo has hecho, cómo te sientes ahora:

....

Puede que tu meta parcial se haya ajustado a tus deseos, o puede que no. Esto segundo puede ocurrir y sería absurdo venirse abajo por un pequeño tropiezo en tus objetivos.

Si todo ha ido según lo previsto, adelante y continúa tu exitoso camino hacia el propósito que buscas; y si no ha sido así, intenta trocar el disgusto en enfado y que este te lleve a la motivación y a la determinación de hacer todavía mejor, si cabe, tu plan y a incrementar tu nivel de ejercicio físico para la semana que comienza.

Uno de los propósitos que pretenden lograr los practicantes del Mindfulness es el de conseguir enfocarse (y disfrutar) del momento presente. Ser capaces de extraer todas las enseñanzas, sensaciones, placeres y vivencias que ahora mismo nos están rodeando y que en la mayoría de los casos, si no estamos convenientemente adiestrados, dejamos alejarse sin «extraer del todo el jugo» que atesoran.

Por ello, cuando inicias un plan de cambio en tus hábitos de alimentación, este es uno de los errores que encontrarás y que con las técnicas del Mindful-Eating podrás aprender a solventar.

Tercer error a evitar

Enfocarte en los obstáculos que vas a encontrar en el camino

Ayer, día 30 abril, acudió a la consulta una paciente y cuando le iba a poner la dieta que le correspondía me comentó: «Pero ahora viene una época muy mala porque la primera semana de julio me voy a ir de vacaciones a Mallorca y ahí va a ser difícil que pueda llevar nada de dieta». ¡Por Dios, estamos a finales de abril, faltan casi dos meses para que llegue esa fecha y ya te estás poniendo palos en la rueda! Este caso quizá sea un poco extremo por anticipar con tanto tiempo una dificultad para cumplir nuestro objetivo; pero es muy frecuente que nos enfoquemos, a la hora de plantearnos un reto, en los problemas que nos vamos a encontrar en el camino hasta llegar a la meta propuesta. Las frases «mejor comienzo dentro de dos semanas porque el próximo fin de semana tengo una salida a una casa rural» o «lo tengo muy complicado ya que el martes de la semana que viene tengo una convención y tendré que comer y cenar fuera de casa» aparecen en estos casos con una frecuencia muy superior a la deseable.

Vamos a pararnos un poco a pensar qué significan todas estas afirmaciones que nos hacemos cuando empezamos un plan nutricional. ¿Por qué nos mandamos estos mensajes que entorpecen nuestra decisión? Sencillamente porque no estamos implicados al 100% en la consecución de nuestra meta. Sabemos que va a ser un reto difícil, que vamos a tener que renunciar a algunos placeres durante un tiempo, y estamos intentando hallar algún motivo que nos libre de ese hipotético sufrimiento. Es ni más ni menos nuestro autoboicoteador el que se ha puesto en marcha y martillea continuamente nuestra voluntad para conseguir que desistamos de nuestro empeño.

Para intentar solucionar esta situación siempre pongo a mis pacientes el siguiente ejemplo: imagínate que te has propuesto subir al Everest. Llegas al Tíbet y te plantas en la base de la montaña, en el comienzo del itinerario de ascenso, y en ese preciso instante elevas tu vista y divisas allí, a lo lejos, majestuoso, el pico más alto del mundo. Antes, mientras estabas en la distancia, tu sueño de ascender era tan potente que no había ningún obstáculo que te impidiese alcanzarlo. Pero tenías solo una imagen mental de la cordillera, la forjaste en tu fantasía y era completamente asequible. Pero ahora, allí delante, viéndolo real y tan inmenso, empiezas a flojear. Ya no estás tan seguro de que puedas conseguirlo, se ve demasiado imponente para que tú, con tus «hipotéticas» carencias, seas capaz de culminar la cumbre. Y tu voz interior empieza a replantearte tu sueño. Te dice que no serás capaz, que no merece la pena ni siquiera intentarlo, busca excusas imaginarias, intenta diferirlo en el tiempo, quizás el año que viene cuando estés mejor preparado; ahora no es el momento. ¿Has llegado hasta aquí, gastando energías para ahora echarte atrás ante la dificultad? Pero la solución es muy sencilla, comienza a andar cuanto antes, no lo pienses, da un paso y luego otro y otro.

Cuando quieras darte cuenta, si miras lo que has dejado tras tu espalda, verás que estás muy alto, que la ascensión está en marcha. Por supuesto que vas a encontrar obstáculos en tu camino. Te toparás con paredes escarpadas, muros de hielo, ventiscas, (en nuestro caso, chocolate, cervezas, canapés, montaditos, reuniones sociales, tardes de terraza con los amigos…), pero tú estás completamente preparado para afrontarlos y superarlos. Y cada vez que venzas uno de esos impedimentos, descubrirás que eres más fuerte de lo que pensabas y tu autoestima irá mejorando, y por supuesto que estarás más cerca de coronar el Everest.

Por ello, mi consejo para las personas que se amilanan, es simplemente este: comprométete con tu objetivo al 100% y cuando llegue un obstáculo, que se presentará, ya pensarás de qué forma lo superas. Porque, por supuesto, lo vas a superar.

APRENDIENDO DE LOS ERRORES

15 minutos

Repasa los dietarios de comida de la semana y comprueba cuántas marcas amarillas tienes. Son las que se corresponden con todos aquellos deslices que has cometido incorrectamente en tu dieta.

¿En qué me he apartado de la dieta?

Circunstancias

¿DÓNDE ESTABA?   ¿CON QUIÉN?   ¿QUÉ HACÍA?

¿Tenía hambre física?

¿Cómo me sentí después?

¿Qué tendría que haber hecho (y que haré la próxima vez) para superar la situación?

Este ejercicio que acabas de rellenar pretende, de momento, conseguir que seas consciente de tu comportamiento nutricional durante esta última semana.

Ahora no tiene demasiada importancia, pero cuando llevemos un tiempo avanzando en las técnicas del Mindfulness y del Mindful- Eating te recomendaré que vuelvas a esta página y que releas lo que aquí has escrito. Mi propósito es que te des cuenta de cómo se comportaba tu mente y cómo afrontabas tus pulsiones para con la comida ahora, hoy, justo cuando acabas de caligrafiar esta parte del libro, y que lo compares con la actitud que tendrás entonces, después de haber aprendido los trucos y recursos que iremos ejercitando a lo largo de las próximas semanas.

DISFRUTA DE
TU FORTALEZA

Recuerda esas situaciones en las que has sido fuerte. Momentos en los que la tentación ha estado a punto de vencerte, pero no lo ha conseguido. Escríbelos y vuelve a vivirlos. Pero, sobre todo, valórate y reconócete todo lo que eres capaz de hacer cuando te lo propones. Plántate delante de un espejo, mírate a los ojos y dite a ti mismo, con toda la convicción de la que seas capaz, que tú vales mucho y que lo vas a conseguir.

¿Cuándo vencí?

....
....
....

¿Cómo me sentí después?

....
....
....

Con esa actitud, ¿qué me demostré a mí mismo?

....
....
....
....
....

SEMANA B

Ejercicio:
Tu recompensa semanal

Comienza hoy una nueva semana de travesía hacia tu objetivo. Ya has conseguido recorrer una buena parte de esta y notas los resultados en tu ropa. Pero ¡cuidado! Uno de los factores que más nos aboca a caer en el relajo, impidiendo que arribemos hasta el fin, es la autocomplacencia.

Cuando decidimos ponernos a dieta es, generalmente, porque una mañana al levantarnos de la cama nos damos cuenta con horror de que el botón de ese pantalón o de esa falda que hasta hace dos semanas nos abrochábamos —con dificultad, pero nos la embutíamos—, hoy, ni aun conteniendo la respiración hasta llegar al amoratamiento de nuestros labios, conseguimos introducirlo en el ojal. Y descubrimos con horror que nos mira sarcástico por encima de la cremallera; y si al final, tras una lucha sobrehumana, conseguimos aprisionarlo dentro de su agujero, caminamos de lado procurando no apuntar con él a ningún conocido, para evitar el peligro de que, cuando se desprenda de nuestra ropa y salga disparado hacia delante con una velocidad endiablada, lastime el ojo de algún pobre inocente que se cruce en nuestro camino. Porque de una cosa estamos seguros, y es que, sí o sí, saltará.

Pero ya ha transcurrido un tiempo desde entonces, y hoy, que ya hemos perdido una cantidad de kilos apreciable, la imagen que nos devuelve el espejo por la mañana es la de una figura aceptable.

Y es ahí, una vez más, cuando nuestro autoboicoteador comienza a lanzarnos mensajes nefastos: «Ya no estás tan mal como para que tengas que seguir con tu plan de una manera tan espartana», «un día de relax nutricional te vendrá bien para la mente»,

«¡vamos, ya casi lo has conseguido, permítete algún capricho!».

Pues ten cuidado porque ese es el primer paso para comenzar a abandonarte e insertarte palos en la rueda del carro que te lleva hacia el éxito. No te permitas ni siquiera una interrupción, porque esta sería la primera de una serie de otras cuantas que te alejarían poco a poco de tu determinación por conseguir el objetivo.

Sé que cada vez se va haciendo más difícil permanecer impasible ante los embates de ese pequeño sinvergüenza. Por ello, vamos a utilizar otro recurso para reforzar nuestra voluntad, y esta táctica es simplemente la de recompensarnos por el trabajo bien hecho.

Desde luego que nuestro mayor premio llegará al final cuando nos encaramemos a la báscula y veamos esas ansiadas cifras que llevamos tanto tiempo deseando; o cuando nos volvamos a enfundar ese pantalón, el del botón, y ahora tengamos que desecharlo con alegría porque parecemos un fantoche de lo enorme que nos cuelga. Pero mientras llega ese momento vamos a darnos un extra de motivación intercalando en nuestro periplo hacia el éxito pequeños galardones que mantengan viva nuestra ilusión y empeño.

Piensa en un regalo que te vas a hacer (ojo, no puede estar relacionado con la comida). Un capricho que te vas a otorgar si cuando repases las páginas de tu libro, al concluir la presente semana que ahora comenzamos, consigues haberlas rellenado todas sin haber incluido en ellas ni una sola marca amarilla.

No puede haber ni un solo trazo de ese color en los apartados del listado de comidas ingeridas, ni en el del ejercicio cumplido, ni en el del resumen diario de dinámicas completadas. Todas las carillas deben aparecer inmaculadas. Si este sencillo hecho se produce, ¡adelante, obtén tu recompensa! Puede ser un masaje, un libro que quisieras comprarte, una sesión de cine, una entrada para un acontecimiento deportivo… algo que realmente desees.

Encuentra lo que te va a apetecer y escríbelo en el recuadro de abajo. Y un último consejo, durante los próximos siete días, enfócate en cómo vas a disfrutar de ese momento y visualízate recibiendo el masaje, leyendo el libro en tu sillón favorito, animando desaforadamente a tu equipo o impregnándote de la maravillosa fotografía y música de la película. Dibuja ese momento en tu mente de una forma tan intensa y atractiva que si una tableta de chocolate se cruza en tu camino la mandes al rincón de las historias olvidadas.

MI RECOMPENSA DE ESTA SEMANA VA A SER:

....

....

....

....

....

....

Segundo objetivo del Mindfulness

Calmar la mente

Hace unos años, llegó a mis oídos que en la ciudad de Valencia (España) existía un médico cirujano, el Dr. Escudero, que realizaba intervenciones quirúrgicas a sus pacientes sin aplicarles una sola gota de anestesia química; tan solo utilizaba una técnica mental que él había desarrollado para conseguir que una vez que ellos se encontrasen en la mesa de operaciones no sintiesen absolutamente ningún dolor.

Investigué y descubrí que este doctor impartía unos cursos sobre este método y allá que me fui para instruirme en él.

La personalidad de doctor Ángel Escudero Juan es francamente sorprendente. A su faceta de médico cirujano hay que añadir la de escultor —ha perfeccionado una destreza escultórica en mármol que le sirvió para obtener la Medalla de Oro Internacional por la Academia Europea de las Artes— y compositor de música. Su biografía está incluida en el diccionario biográfico de la historia de España, editado por la Real Academia de la Historia; igualmente, su actividad artística le ha hecho merecedor de figurar en el Diccionario de Artistas Valencianos del siglo XX. Con esta breve descripción de su currículo quiero remarcar que esté galeno no es un charlatán. El procedimiento anestésico que descubrió y maduró ha sido relatado por varios documentales producidos por algunas cadenas extranjeras de televisión, como la británica BBC; igualmente fue recibido en la sede de las Naciones Unidas en Nueva York para hablar sobre su hallazgo.

En el seminario que tuve la suerte de recibir del Dr. Escudero aprendí cómo el cerebro es por sí solo capaz de provocar en nuestro organismo una serie de modificaciones fisiológicas que pueden llegar incluso a calmar el dolor que se genera en una intervención quirúrgica.

Durante mi estancia en Valencia puede visualizar varios vídeos en los que este cirujano intervenía a algunos de sus pacientes de operaciones tan dolorosas como la fijación de una fractura de pierna, una intervención de hernia abdominal y una resección de varices, entre otras.

Las personas que se encontraban tumbadas en la camilla permanecían despiertas, charlando y completamente sonrientes.

La Noesiterapia o anestesia volitiva, que así se llama este arte, utiliza recursos que todos tenemos en nuestra mente para conseguir condicionar una respuesta determinada en el cuerpo; en este caso, la analgesia, pero también, y como posterior evolución de ese primer paso, este médico español ha desarrollado la Escuela de Curación por el Pensamiento, que es una corriente que se sirve de algunos recursos fisiológicos para generar mejorías en determinadas patologías.

Quiero aludir ahora a aquella descripción que al principio te incluí sobre el sistema nervioso simpático que era el que se activaba en una situación de estrés para llevarnos a un estado de lucha o huida. Recuerda que entre sus efectos estaba el de incrementar la frecuencia de las inspiraciones y también nos originaba una sequedad en la boca. Por el contrario, el sistema parasimpático, su antagónico, era el que nos inducía a la calma y al sosiego. Esta parte de nuestro sistema nervioso recibe el nombre de autónomo porque, en teoría, funciona sin que nuestra voluntad pueda modificar sus respuestas adaptativas. Y digo solo en teoría porque realmente en la práctica no es así.

Uno de los trucos de la Noesiterapia es la de desencadenar voluntariamente algunas acciones corporales para conseguir activar el sistema parasimpático. En ellas nos vamos a basar para practicar nuestro siguiente ejercicio de Mindfulness.

EJERCICIO DE MINDFULNESS

En su libro *La alegría de la vida*, Yongey Mingyur Rinpoche, una de las más importantes autoridades mundiales en el campo de la meditación, nos explica que los pensamientos fluyen en nuestra mente de una forma impetuosa y atolondrada sin que en la mayoría de los casos seamos capaces de dirigirlos. Él nos brinda una comparación y asemeja nuestro cerebro a una habitación ocupada en su interior por un mono loco e inquieto que estuviese continuamente saltando de un lado para otro, investigando y jugando con todos los objetos que se encuentra a su paso. Es tremendamente difícil atrapar y meter en una jaula a ese primate.

Pero vamos a hacerlo ahora sirviéndonos de dos recursos fisiológicos.

En primer lugar, vamos a activar todo lo que podamos nuestro sistema parasimpático. Para ello, traga un poco de agua y comienza a fabricar saliva; de esta forma, lograremos un efecto inverso encaminado a detener paulatinamente los estímulos del sistema simpático (aquel que nos provocaba sequedad en la boca). Cuanta mayor cantidad de saliva podamos generar, más triunfará nuestro sistema parasimpático sobre su oponente y más conseguiremos atenuar el resto de los síntomas de estrés que el simpático genera.

A continuación, en el momento en el que la humedad en nuestra cavidad bucal sea evidente empezaremos a jugar con la respiración.

En la primera parte de esta semana, vamos a concentrarnos en conseguir alcanzar y mantener un ritmo respiratorio determinado. En la segunda, utilizaremos ese resultado logrado para generar imágenes que nos inciten a la tranquilidad y a la relajación.

Cuenta tus respiraciones

El sistema simpático, el generador de estrés, actuaba incrementando el número de inspiraciones que realizábamos. El sistema parasimpático provocaba todo lo contrario. Por ello, si conseguimos que preponderen las espiraciones sobre las inspiraciones, incitaremos indirectamente la activación de nuestro parasimpático y, como resultado de ello, alejaremos el estrés y calmaremos nuestra mente.

Puedes realizar esta dinámica en cualquier lugar, no hace falta que estés tumbado ni sentado; incluso estando de pie o caminando es efectiva.

Concéntrate en tu respiración. Nota cómo el aire se introduce por tu nariz. Siente en tus orificios nasales esa corriente fresca. Mientras ocurre esto cuenta hasta cuatro.

Una vez que llegues a este número comienza la espiración, arrojando ese aire suavemente por la boca. En esta ocasión la cuenta debe llegar hasta diez.

Sintetizando: mientras inspiras por la nariz cuenta hasta cuatro, y una vez que llegues a este número la detienes. A continuación, espiras mientras cuentas hasta diez y una vez que llegues a ese número paras.

Sigue teniendo presente que es más importante la frecuencia de las dinámicas que la duración de cada una de ellas. Es preferible permanecer dos minutos como máximo trabajando en la respiración y repetir este acto cuatro o cinco veces al día, que intentar permanecer durante quince minutos concentrado en un solo intento. Nuestra mente no está todavía lo suficientemente entrenada como para ser capaces de mantener la atención en ello sin dispersarse. Pero tranquilo que todo llegará.

EJERCICIO DE MINDFUL-EATING

Yongey Mingyur Rinpoche relata en su libro antes mencionado, que cambió mucho su percepción y sensación del dolor cuando aprendió, a través de la meditación, que esta no era tanto una manifestación local de la zona de su cuerpo que estaba afectada, sino que realmente lo que él estaba viviendo era una interpretación de la mente que deducía individualmente esa alteración localizada.

En otras palabras, el dolor nos duele lo que nosotros queramos que nos duela.

Existen muchas personas que, ante la misma contundencia de un golpe, vivencian su umbral de dolor de formas muy diferentes. Si a varias mujeres que acaban de dar a luz les pedimos que califiquen en una escala del uno al diez el grado de dolor que han sufrido durante su parto, el abanico de calificaciones será realmente curioso. Algunas pondrán una nota con una intensidad de dos o tres, mientras que otras lo harán en diez o cercano a él.

Esa disparidad de apreciaciones ante un mismo hecho traumático se debe ni más ni menos a cómo esté interpretando esa situación el cerebro y la mente de cada una de ellas.

Para algunas la ilusión de ese instante les hará preocuparse más en vivir lo maravilloso del parto, consiguiendo olvidarse en gran medida del daño que en sus tejidos se está produciendo, mientras que para otras el miedo y su convicción de que van a vivir un momento doloroso les provocará un gran tormento.

La meditación, como instrumento útil para conseguir un cierto control sobre nuestra psique, logra al igual que la Noesiterapia antes mencionada del Dr. Escudero, que seamos capaces de disminuir nuestra percepción del dolor.

Y, ¿qué tiene que ver esta circunstancia con el Mindful-Eating? Pues que uno de los casos que más se repiten, y que más disturbios nos causan en nuestra relación con la comida, es la sensación, real o ficticia, de hambre dolorosa en nuestro estómago.

Vamos a trasladar ahora las destrezas que vamos adquiriendo con las técnicas del Mindfulness para trabajar nuestra relación con la comida.

Realiza este ejercicio en todos los momentos de día en los que sientas hambre o en los que creas que realmente tienes hambre.

Procede a respirar dando más importancia a las espiraciones. Cuenta hasta cuatro mientras introduces el aire en tu aparato respiratorio a través de la nariz y posteriormente cuenta hasta diez mientras lo expulsas de él.

Al mismo tiempo, y cuando lleves ya unas cuantas repeticiones de esta práctica, enfoca tu atención en las sensaciones que percibes dentro de tu estómago, intenta sentir ese «hambre» que te incomoda. Céntrate en esa sensación: ¿cómo es?, ¿a qué se asemeja? Intenta describirla con palabras: «se manifiesta como pinchazos»; «como una presión de afuera hacia adentro»; «o de adentro hacia afuera, expansiva; ardorosa». ¿Dónde se localiza? «Es en un solo sitio, un punto muy concreto»; «se irradiaba hacia alguna parte concreta de mi aparato digestivo»; «o incluso sale de él para distribuirse por otras partes de mi cuerpo».

Procura ser muy consciente y «nota» con toda la intensidad de la que seas capaz todas las modalidades sensitivas que puedas, analizándolas al mismo tiempo que intentas observarlas como si fueras una persona extraña a ti, sabiendo que quien realmente interpreta la valoración que das a eso que sientes, no es tu estómago sino tu cerebro, y que él es quien decide si es más o menos agradable o desagradable.

Te menciono ahora aquella frase que escribía al principio, en el apartado de «Estrés, cortisol y comida» en la que te señalaba que el azúcar calmaba momentáneamente nuestra ansiedad porque era capaz de disminuir fugazmente nuestros niveles de cortisol. Pues bien, este ejercicio, al provocar el mismo efecto, consigue menguar nuestra impresión de apetito sin necesidad de recurrir a esa tableta de chocolate.

Fecha de comiendo de la semana:

Peso de comienzo:

PLAN DE ACCIÓN 4 minutos
(Lo que voy a hacer para conseguir mi meta semanal)

....
....
....
....

DIETA
....
....
....
....

EJERCICIO 6 minutos
....
....
....
....

PLAN PSICOLÓGICO O HÁBITOS PARA ROMPER
....
....
....
....

LA LISTA DE LA COMPRA
Planifica a continuación todo lo que vas a necesitar esta semana para poder realizar correctamente tu dieta sin que te falte nada, y hazte una lista de la compra.

....
....
....
....
....

Lo voy a comprar el día:

META SEMANAL
.... Kg

EJERCICIO DE MINDFULNESS
Centrar la atención

Bien, ya estamos más cerca de conseguir nuestro objetivo. Con los ejercicios anteriores hemos comenzado a aprender a concentrarnos en un punto y a aquietar nuestra mente, a huir de todo ese ruido que nos asaetea continuamente a través de las neuronas.

El siguiente paso que debemos entrenar es el de conseguir disminuir las ideas que se nos generan en el consciente. Para ello tenemos que ser capaces de dirigir nuestros pensamientos hacia el lugar que nosotros deseemos.

Nuestro próximo entrenamiento tiene como meta centrarnos en una sola imagen y lograr mantenerla en nuestra mente durante el tiempo que deseemos. Por supuesto que al principio tan solo conseguiremos breves lapsos, que inmediatamente serán reemplazados por visiones «parásitas» que tenderán a ocupar el sitio que antes habitaba la representación que nosotros habíamos decidido generar. Pero como ya te vengo anunciando durante las paginas anteriores, todo se consigue con entrenamiento.

Iremos notando que retendremos la fijación de ese pensamiento durante más tiempo, cada vez más y más segundos; posteriormente serán minutos; al final, posiblemente hasta lleguemos a mantener un cuarto de hora la atención afianzada en nuestro propósito.

Eso es lo que en Mindfulness se llama conseguir la «atención plena», observación que nos mantiene en el momento presente generando en nuestro organismo una respuesta fisiológica opuesta a la que padecemos cuando nos encontramos inundados por el estrés, y que en muchas ocasiones se traduce en una disminución del ritmo cardíaco, de la tensión arterial y, por supuesto, de la ansiedad.

La meditación y el Mindfulness no es ni más ni menos que conseguir este estado mental, y a partir de ahí empezar a trabajar otra serie de actitudes para mejorar diversos y variados aspectos de nuestra vida.

EJERCICIO DE MINDFULNESS
Sopla la vela

Vamos ahora a agregar dos situaciones que contribuirán a sosegar aún más tu mente. Por un lado, la idea practicada de contar la duración del acto respiratorio y, por otro lado, la generación de una imagen relajante para asociar ambas facetas en tu mente y centrar más la atención en el momento presente.

Recuerda que en el proceso de una sesión de Mindfulness se deben ir incorporando, en su secuencia adecuada, todas las etapas que hemos ido y vamos a ir paulatinamente practicando; hasta ahora son las de concentrarse y aquietar la mente y, como consecuencia de ello, relajaremos nuestro cuerpo.

Para este ejercicio hazte con una vela.

Colócate a ser posible en una posición cómoda, con la espalda lo más recta posible. No debes tenerla rígida, hay muchas personas a las que les cuesta mantener una postura erguida durante mucho tiempo mientras están sentados; si empiezas a tener tensiones musculares o dolores puedes comenzar a distraer tu atención del propósito del ejercicio y empezar a centrarte más en tu malestar lumbar o dorsal. El objetivo de mantener la espalda lo más derecha posible es el de facilitar la penetración del aire en nuestros pulmones, por ello, si te cuesta mantenerte alzado, colócate lo más cómodo posible para que notes cómo se introduce el aire de una forma no forzada dentro de tu cuerpo.

Posiciónate enfrente de la vela, que debe quedar colocada a la altura de tu boca y a una distancia de un palmo de esta.

Sería conveniente que todas las luces de la habitación permaneciesen apagadas; en caso contrario, no importa, procura centrarte en la imagen de la vela y abstraerte de todo lo que te rodea.

Enciende la vela y observa la llama durante medio minuto. Céntrate en sus colores y en su baile.

Una vez conseguida está focalización de tu atención, comienza el ejercicio respiratorio. Inspira por la nariz contando en voz alta o mentalmente hasta cuatro; y a continuación exhala a través de tu boca, que se mantendrá ligeramente abierta y que dirigirá el flujo de aire espirado hacia la llama de la vela. El tiempo de expulsión debe ser más largo que el de inclusión; cuenta en alto o para ti mismo hasta diez. Una vez concluido este ciclo, inícialo de nuevo intentando permanecer cada vez más calmado y concentrado en el fuego.

El aire debe abandonar tu boca con la suficiente fuerza como para provocar un cimbreo intenso de la llama, pero sin llegar a extinguirla.

Te reitero de nuevo en que es más interesante realizar cada dinámica por un máximo de dos minutos y repetirla cuatro o cinco veces al día, que intentar mantenerse en el ejercicio por periodos más largos. Sobre todo, al principio, es muy complicado conseguir permanecer atento tanto tiempo.

Cuando lleves un par de días realizando esta práctica delante de una vela real, comienza a prescindir de ella, pero sustituyéndola por otra candela imaginaria, una que construyas en tu mente y que puedas hacerla bailar sin necesidad de tenerla presente delante de ti, que sea tan solo una imagen evocada en tu consciente.

Esta semana no vamos a proponer ningún entrenamiento específico de Mindful-Eating. Dominar este procedimiento que te acabo de proponer en las líneas anteriores es sumamente importante, por lo que prefiero que dediques todo el tiempo del que dispongas a conseguir una maestría y un control de ella. Lo usaremos en nuestro próximo ejercicio relacionado con la comida

«La vida tiene momentos buenos y malos. Los buenos simplemente los disfrutas; los malos son los que te hacen crecer... si tú quieres»

SEMANA B - Día 1 (viernes)

DESAYUNO
DEBO
2 minutos

DESAYUNO
HE HECHO
2 minutos

1/2 MAÑANA
DEBO

1/2 MAÑANA
HE HECHO

COMIDA
DEBO

COMIDA
HE HECHO

1/2 TARDE
DEBO

1/2 TARDE
HE HECHO

CENA
DEBO

CENA
HE HECHO

HOY HE HECHO ESTA CANTIDAD DE EJERCICIO

2 minutos

....
....
....
....

LO QUE ME FALTA PARA COMPLETAR MI META SEMANAL

LLEVO EN TOTAL	ME FALTA AÚN
....	....
....	....
....	....
....	....

TU MOMENTO MÁS POSITIVO DEL DÍA

4 minutos

....
....
....
....

TUS MINI-METAS DEL DÍA

2 minutos

....
....
....
....

MARCA AHORA TUS TAREAS DEL DÍA

- 🍎 LISTA DE COMIDAS   ☐ 🍎
- 🏃 EJERCICIO   ☐ 🏃
- ☺ MOMENTO POSITIVO   ☐ ☺
- ✔ MINI-META   ☐ ✔
- 👁 INFORMAR   ☐ 👁
- i EJERCICIO DE MINDFULNESS   ☐ i
- ⚙ EJERCICIO DE MINDFULEATING   ☐ ⚙

*«Sueña con algo; con lo
que sea, pero sueña»*

SEMANA B - Día 2 (sábado)

DESAYUNO
DEBO   2 minutos

DESAYUNO
HE HECHO   2 minutos

1/2 MAÑANA
DEBO

1/2 MAÑANA
HE HECHO

COMIDA
DEBO

COMIDA
HE HECHO

1/2 TARDE
DEBO

1/2 TARDE
HE HECHO

CENA
DEBO

CENA
HE HECHO

HOY HE HECHO ESTA CANTIDAD DE EJERCICIO

2 minutos

....
....
....

LO QUE ME FALTA PARA COMPLETAR MI META SEMANAL

LLEVO EN TOTAL   **ME FALTA AÚN**

....
....
....
....

TU MOMENTO MÁS POSITIVO DEL DÍA

4 minutos

....
....
....
....

TUS MINI-METAS DEL DÍA

2 minutos

....
....
....

MARCA AHORA TUS TAREAS DEL DÍA

- 🍎 **LISTA DE COMIDAS**   ☐ 🍎
- 🦵 **EJERCICIO**   ☐ 🦵
- ☺ **MOMENTO POSITIVO**   ☐ ☺
- ☑ **MINI-META**   ☐ ☑
- 👁 **INFORMAR**   ☐ 👁
- i **EJERCICIO DE MINDFULNESS** ☐ i
- ⚙ **EJERCICIO DE MINDFUL-EATING** ☐ ⚙
- ☰ **LEER LISTA DE LOS MOTIVOS** ☐ ☰

Cuarto error a evitar

Comprar comida para tener en casa por si vienen las visitas o para los niños

He de reconocer que yo soy un comedor compulsivo. A veces me comporto como un verdadero adicto a la comida. Esto me ocurre desde hace mucho tiempo, desde niño que yo recuerde. Desconozco las causas, quizá fuese porque cuando yo nací mi madre tenía mala leche. Me explico, no es que tuviese mal genio — pobrecilla, que era un pedazo de pan— sino que la calidad de su leche de lactancia no era buena y a lo mejor comencé mis primeros balbuceos por este mundo sintiendo hambre; y como resultado de esas «lluvias» vienen estos «lodos». O quizá algún otro acontecimiento de los que he vivido ha condicionado mi comportamiento para con los nutrientes. O tal vez solo sea un gen que se encuentra en mis células y que es el que determina que, aunque me sienta satisfecho, siga deseando ingerir alimentos atrayentes. No lo sé, y posiblemente nunca lo sabré. No lo sabré porque no me importa el «de dónde viene esto» sino «a dónde voy» y qué es lo que tengo que hacer para lidiar con ello y superarlo.

Estas circunstancias que he relatado son bastante más comunes de lo que la gente se cree. Muchos de mis pacientes las padecen. Son, como yo, adictos a la comida. Desde siempre, el ser humado ha estado rodeado de múltiples «placeres» a los que se ha ido «enganchando». El alcohol, las drogas, el sexo, el juego, el trabajo, los videojuegos, internet... y, por supuesto, la comida. Todos ellos son factores, en la mayoría de los casos, placenteros, que pueden determinar un comportamiento obsesivo que condicione nuestros días, impidiéndonos llevarlos a cabo de una forma «normal». A todas estas personas que sentimos esa especial predisposición hacia determinados estímulos, nos cuesta más que al resto de los seres humanos evitarlos. La mejor opción es no tener que enfrentarnos a ellos, porque en muchas ocasiones, cuando se presentan delante de nosotros con toda su «imagen» atractiva, necesitas hacer un gran esfuerzo volitivo para rechazarlos. E incluso cuando lo conseguimos, si el objeto de nuestra adicción continúa estando en nuestro radio de alcance, nuestra mente suele martillearnos constantemente con la idea de ir y gratificarnos. Esta es la típica situación de un sábado por la tarde, en casa, aburridos después de haber soportado uno de esos soporíferos telefilmes con que nos castigan los canales de televisión; de repente, nos acordamos de que tenemos una maravillosa tableta de chocolate escondida en la despensa —la hemos ocultado para evitar que alguien se la beneficiase y nos dejase a dos velas en momentos como estos. Eso se llama premeditación—. Pero acabamos de comenzar nuestra perfecta y definitiva dieta. No vamos a claudicar tan pronto. ¡No, esta vez no! No vamos a comer esa atractiva pastilla con almendras. ¡Hemos vencido!

… De momento, porque a los quince minutos una lucecita en forma de imagen con envoltorio rojo y papel de plata en su interior y unos cuadraditos marrones comienza a aparecer en forma de una clara visualización. Ahí está el sugerente dulce. Lo vemos con todos sus apetitosos atributos. Es más, lo paladeamos en nuestra boca y empezamos a salivar. El deseo se hace más y más fuerte; más y más irresistible, y al final claudicamos y nos zampamos, la mayoría de las veces con ansia y ocultos de las miradas de los demás, la integridad de la deliciosa tableta. Por supuesto que tan pronto como la última pizca del dulce desaparece por el tubo de nuestro esófago, las sensaciones mezcladas de remordimiento, culpabilidad, enfado o depresión aparecen de golpe en nuestra cabeza dando un brutal golpe a nuestra ya maltrecha autoestima.

No tengas miedo en afirmar que no eres capaz de vencer esa tentación. Porque ese reconocimiento es el primer paso para poder descubrir y poner en práctica recursos que te ayuden a dominar esa situación. Y la mejor solución, desengáñate, es poner de por medio, entre tú y tu atracción, toda la tierra que puedas. Cuanto más lejos estéis el uno —o la una— de la otra, mucho mejor.

Muy bien, pues llegados a este punto, vamos a buscar soluciones para ese sábado por la tarde y tu pulsión inevitable hacia los dulces.

¿Qué puedes hacer, para que después de la tele o de la siesta, no te atraques de galletas, bollos, patatas fritas, bombones...?

Escribe en un papel todas las opciones que se te ocurran. Todas son válidas si te sirven para cambiar tu comportamiento. Pero a mí, la primera que se me ocurre y la más lógica es: «No tengas en casa ningún alimento de esos que sabes que te van a seducir en esas horas de tedio».

Cuando planteé, a mis pacientes en mi consulta este recurso, aparecen, casi siempre, dos objeciones principales. La primera es, y transcribo casi literalmente lo que me suelen argumentar, «pero es que tengo niños». Y la segunda: «Es que tengo que tener algo en casa por si vienen visitas».

O sea, que como tenemos niños, tenemos en casa bollería industrial, chocolate, caramelos, patatas fritas, dulces, gusanitos, chuches... Todos estos alimentos son los que solemos picar con más frecuencia cuando nos aparecen esos arrebatos. Si en nuestra alacena almacenamos todo esto para nuestros infantes, las siguientes preguntas que se me ocurren son: «¿Qué diablos estamos dando de comer a nuestros hijos? ¿A que les estamos acostumbrando? ¿Qué hábitos nutricionales les estamos inculcando? ¿Queremos fabricar unos futuros obesos? Porque los modos y maneras que aprendan cuando son pequeños serán los que van a prevalecer en su adolescencia y en su edad adulta. Ya sé que muchas veces es más cómodo no tener que discutir con ellos y darles para merendar un pastelito prefabricado de cacao en vez de una pieza de fruta, un yogur y un bocadillo de sardinas, por ejemplo. Lo primero se lo van a comer sin rechistar y para que se acaben —o incluso empiecen— lo segundo vamos a tener que montar todo un zafarrancho de combate. Pero es lo que tiene ser padres. Es nuestra responsabilidad hacerlo bien, para que luego a los 15 años no tengamos que sufrir viéndolos acomplejados con un sobrepeso que les condicione enormemente sus vidas tanto en las esferas social y educacional, como de relación con la gente de su edad. Y te puedo asegurar que he visto en mi consulta muchos casos de adolescentes así, y es lamentable. Y también he

comprobado cómo les cambia su existencia, e incluso su personalidad, cuando consiguen perder peso y reafirmar su autoestima. Esto último es muy gratificante, pero lo mejor es poner desde el principio todos los medios para evitar todo ese proceso. Y para eludirlo nada mejor que eliminar de nuestra lista de la compra todas aquellas comidas que puedan perjudicarnos tanto a nosotros como a nuestros hijos.

En lo referente a la excusa de las visitas, ¿existe aún la costumbre de acudir a casa de conocidos o amigos y presentarse así, por las buenas, sin avisar? Yo recuerdo, cuando era niño, mientras pasaba temporadas con mis abuelos, que de vez en cuando aparecían conocidos que venían de «visita». Emergían por la puerta del domicilio, de repente, una tarde de fin de semana, y sin aviso previo —entre otras cosas porque casi nadie tenía teléfono en su vivienda, y menos en los pueblos—, y se plantaban una o dos horas en nuestro salón a charlar de sus cosas. A mí siempre me mandaban a jugar a mi habitación porque los niños no debíamos estar en las conversaciones de los mayores. Y, por supuesto, mis abuelos, como era de buenas normas de educación por entonces, preparaban una merendola con las viandas que estaban reservadas en la despensa para tal fin.

Pero eso era antes; ahora los sábados por la tarde, con la maravillosa programación que nos obsequia nuestra tele, después de una dura semana de trabajo, nos apetece menos ir de «visita». O bien nos quedamos en la confortable compañía de nuestro sofá, o bien solemos quedar con «nuestra gente» a cenar fuera de casa o a ver el partido en alguna cervecería. Ojo, también acudimos en algunas ocasiones al hogar de familiares y amistades; pero hoy en día, gracias a la ayuda de las nuevas tecnologías, léase teléfono, móvil, internet, correo electrónico y, sobre todo, el WhatsApp, lo habitual y lo correcto es que cuando nos planteemos acudir a compartir nuestro tiempo y conversaciones con los vecinos, les avisemos antes por alguno de estos maravillosos medios. Esto se hace para que, entre otras cosas, les demos tiempo a que se quiten el chándal con el que están tumbados en el sillón orejero —disfrutando de esa entretenidísima producción televisiva alemana rodada en las islas Maldivas o en los bosques de la sin par Baviera— cojan el monedero y bajen rápidamente al comercio de debajo de su casa, que permanece abierto todos los días hasta altas horas de la noche. Y compren esas tres cervezas, cuatro coca-colas y dos bolsas de patatas fritas, aceitunas y almendras fritas para que nos puedan agasajar como merecemos.

Con todo esto que he escrito te quiero decir que no, que la justificación esa de que «lo tengo por si viene alguien» ya no es válida. Ya no se van a presentar así, de repente. Y si lo hacen, peor para ellos, no vamos a poder obsequiarles con unas galletitas saladas. ¡Que hubieran avisado!

Además, recuerda que, aunque tus estantes hubieran estado surcados y bien provistos de aperitivos y dulces, te los has comido hace unas horas cuando te entró esa ansia irresistible y no pudiste evitar acabar con gran parte de ellos, por lo que el resultado para con tus visitantes es el mismo. Ya no tienes nada que ofrecerles. Te toca bajar al «todo a 100» de guardia a aprovisionarte de nuevo. Lo mismo te ocurre cuando quieres dar chocolate con almendras a tus hijos, te lo ventilaste ayer por la tarde cuando llegaste estresado del trabajo.

Resumiendo, a nosotros, los que tenemos adicción por la comida nos pasa lo mismo que a aquellas personas que son adictas al alcohol. Tenemos que colocarnos lo más lejos posible del objeto de nuestra irracional atracción. Al igual que un exalcohólico no tiene en su casa vino o cerveza por si vienen las visitas, pues nosotros debemos hacer lo mismo con nuestras comidas «peligrosas». Así de simple.

Pero, aunque así sea, no desesperes, todo este rollo que te acabo de relatar no te va a ocurrir siempre. Cuando consigas dominar tu mente y tus pulsiones irrefrenables para con la comida gracias a tu pericia en las técnicas de Mindfulness y del Mindful-Eating, podrás volver a llenar las estanterías de tu despensa de alimentos «peligrosos» por si te sorprenden esas visitas inesperadas. Tú ya serás una persona fuerte y conocerás cómo renunciar a los atracones.

«Cuando nadie te ha exigido que te esfuerces para conseguir algo, y eso ha sido lo normal, es difícil que ahora te lo exijas tu... pero no es imposible»

SEMANA B - Día 3 (domingo)

DESAYUNO
DEBO
2 minutos

DESAYUNO
HE HECHO
2 minutos

1/2 MAÑANA
DEBO

1/2 MAÑANA
HE HECHO

COMIDA
DEBO

COMIDA
HE HECHO

1/2 TARDE
DEBO

1/2 TARDE
HE HECHO

CENA
DEBO

CENA
HE HECHO

HOY HE HECHO ESTA CANTIDAD DE EJERCICIO

2 minutos

....
....
....
....

LO QUE ME FALTA PARA COMPLETAR MI META SEMANAL

LLEVO EN TOTAL

ME FALTA AÚN

....
....
....
....

TU MOMENTO MÁS POSITIVO DEL DÍA

4 minutos

....
....
....

TUS MINI-METAS DEL DÍA

2 minutos

....
....
....
....

MARCA AHORA TUS TAREAS DEL DÍA

- 🍎 LISTA DE COMIDAS ☐ 🍎
- 🏃 EJERCICIO ☐ 🏃
- ☺ MOMENTO POSITIVO ☐ ☺
- ✅ MINI-META ☐ ✅
- 👁 INFORMAR ☐ 👁
- i EJERCICIO DE MINDFULNESS ☐ i
- ⚙ EJERCICIO DE MINDFUL-EATING ☐ ⚙

«Un sueño no es ni más ni menos que un punto de partida. ¡Qué interesante es andar!»

SEMANA B - Día 4 (lunes)

DESAYUNO
DEBO · 2 minutos

DESAYUNO
HE HECHO · 2 minutos

1/2 MAÑANA
DEBO

1/2 MAÑANA
HE HECHO

COMIDA
DEBO

COMIDA
HE HECHO

1/2 TARDE
DEBO

1/2 TARDE
HE HECHO

CENA
DEBO

CENA
HE HECHO

HOY HE HECHO ESTA CANTIDAD DE EJERCICIO

2 minutos

....
....
....
....

LO QUE ME FALTA PARA COMPLETAR MI META SEMANAL

LLEVO EN TOTAL   **ME FALTA AÚN**

....
....
....
....

TU MOMENTO MÁS POSITIVO DEL DÍA

4 minutos

....
....
....
....

TUS MINI-METAS DEL DÍA

2 minutos

....
....
....
....

MARCA AHORA TUS TAREAS DEL DÍA

- 🍎 LISTA DE COMIDAS   ☐ 🍎
- 🏃 EJERCICIO   ☐ 🏃
- ☺ MOMENTO POSITIVO   ☐ ☺
- ✅ MINI-META   ☐ ✅
- 👁 INFORMAR   ☐ 👁
- i EJERCICIO DE MINDFULNESS   ☐ i
- ⚙ EJERCICIO DE MINDFUL-EATING ☐ ⚙

«No se engorda por comer mucho; se engorda por comer mal. No se adelgaza comiendo poco, se adelgaza comiendo bien»

SEMANA B - Día 5 (martes)

DESAYUNO
DEBO — 2 minutos

DESAYUNO
HE HECHO — 2 minutos

1/2 MAÑANA
DEBO

1/2 MAÑANA
HE HECHO

COMIDA
DEBO

COMIDA
HE HECHO

1/2 TARDE
DEBO

1/2 TARDE
HE HECHO

CENA
DEBO

CENA
HE HECHO

HOY HE HECHO ESTA CANTIDAD DE EJERCICIO

2 minutos

....
....
....
....

LO QUE ME FALTA PARA COMPLETAR MI META SEMANAL

LLEVO EN TOTAL

....
....
....
....

ME FALTA AÚN

....
....
....
....

TU MOMENTO MÁS POSITIVO DEL DÍA

4 minutos

....
....
....
....

TUS MINI-METAS DEL DÍA

2 minutos

....
....
....
....

MARCA AHORA TUS TAREAS DEL DÍA

- 🍎 **LISTA DE COMIDAS** ☐ 🍎
- 🏃 **EJERCICIO** ☐ 🏃
- ☺ **MOMENTO POSITIVO** ☐ ☺
- ☑ **MINI-META** ☐ ☑
- 👁 **INFORMAR** ☐ 👁
- **i** **EJERCICIO DE MINDFULNESS** ☐ **i**
- ⚙ **EJERCICIO DE MINDFUL-EATING** ☐ ⚙

«Si tú solo no puedes, pide ayuda. Pedir ayuda dignifica a quien se la pides y le eleva su autoestima. Realmente le demuestras que le valoras»

SEMANA B - Día 6 (miércoles)

DESAYUNO
DEBO   2 minutos

DESAYUNO
HE HECHO   2 minutos

1/2 MAÑANA
DEBO

1/2 MAÑANA
HE HECHO

COMIDA
DEBO

COMIDA
HE HECHO

1/2 TARDE
DEBO

1/2 TARDE
HE HECHO

CENA
DEBO

CENA
HE HECHO

HOY HE HECHO ESTA CANTIDAD DE EJERCICIO

2 minutos

....
....
....
....

LO QUE ME FALTA PARA COMPLETAR MI META SEMANAL

LLEVO EN TOTAL   **ME FALTA AÚN**

....
....
....
....

TU MOMENTO MÁS POSITIVO DEL DÍA

4 minutos

....
....
....
....

TUS MINI-METAS DEL DÍA

2 minutos

....
....
....
....

MARCA AHORA TUS TAREAS DEL DÍA

🍎 **LISTA DE COMIDAS**   ☐ 🍎
🏃 **EJERCICIO**   ☐ 🏃
☺ **MOMENTO POSITIVO**   ☐ ☺
✅ **MINI-META**   ☐ ✅
👁 **INFORMAR**   ☐ 👁
ℹ **EJERCICIO DE MINDFULNESS**   ☐ ℹ
⚙ **EJERCICIO DE MINDFUL-EATING**   ☐ ⚙

«¿Cómo quieres estar dentro de un año?
¿Qué pequeño paso vas a dar hoy
para llegar ahí?»

SEMANA B - Día 7 (jueves)

DESAYUNO
DEBO
2 minutos

DESAYUNO
HE HECHO
2 minutos

1/2 MAÑANA
DEBO

1/2 MAÑANA
HE HECHO

COMIDA
DEBO

COMIDA
HE HECHO

1/2 TARDE
DEBO

1/2 TARDE
HE HECHO

CENA
DEBO

CENA
HE HECHO

HOY HE HECHO ESTA CANTIDAD DE EJERCICIO

2 minutos

....
....
....
....

LO QUE ME FALTA PARA COMPLETAR MI META SEMANAL

LLEVO EN TOTAL	**ME FALTA AÚN**

TU MOMENTO MÁS POSITIVO DEL DÍA

4 minutos

....
....
....

TUS MINI-METAS DEL DÍA

2 minutos

....
....
....

MARCA AHORA TUS TAREAS DEL DÍA

- 🍎 LISTA DE COMIDAS   ☐ 🍎
- 🏃 EJERCICIO   ☐ 🏃
- ☺ MOMENTO POSITIVO   ☐ ☺
- ✅ MINI-META   ☐ ✅
- 👁 INFORMAR   ☐ 👁
- **i** EJERCICIO DE MINDFULNESS   ☐ **i**
- ⚙ EJERCICIO DE MINDFUL-EATING ☐ ⚙
- ☰ LEER LISTA DE LOS MOTIVOS   ☐ ☰

Comprueba los resultados

Es tiempo de las valoraciones necesarias para reajustar aquellos factores de nuestro comportamiento que todavía no estén completamente perfeccionados.

Para ello es necesario revisar nuestros errores en esta última semana y determinar en qué medida hemos logrado alcanzar nuestro objetivo.

PESO DE INICIO DE ESTA SEMANA

META DESEADA AL FINAL DE LA SEMANA

Apunta a continuación la meta que te marcaste al principio de estos 7 días

....
....
....
....

META OBTENIDA AL FINAL DE LA SEMANA

Ahora escribe el resultado que has tenido

....
....
....

Finalmente describe con un adjetivo, tanto si has llegado a donde te propusiste como si no lo has hecho, cómo te sientes ahora:

....

En caso de que tu meta haya alcanzado los objetivos que te marcaste al principio de la semana, ¡enhorabuena! Continúa por este camino.

Si no ha sido así, no desesperes ni te vengas abajo, un pequeño contratiempo siempre aparece en cualquier empresa, lo importante es saber sobreponerse a él y continuar, con más empeño si cabe, luchando por llegar a nuestro destino.

APRENDIENDO
DE LOS ERRORES

15 minutos

Es muy normal que llevando ya tanto tiempo a dieta el cansancio haga mella en tu voluntad. Los errores puede que sean ahora más frecuentes. Perfecto, cuantos más errores más oportunidades tenemos para conocernos a nosotros mismos y para aprender, siempre y cuando estemos en modo aprendizaje. Por ello, párate a pensar y analiza lo que vas a hacer para relanzar tu determinación la próxima semana.

¿En qué me he apartado de la dieta?

....

Circunstancias

¿DÓNDE ESTABA?   ¿CON QUIÉN?   ¿QUÉ HACÍA?

....

¿Tenía hambre física?   ....

¿Cómo me sentí después?

....
....
....

¿Qué tendría que haber hecho (y que haré la próxima vez) para superar la situación?

....
....
....

DISFRUTA DE
TU FORTALEZA

15 minutos

Enfocarse solo en lo negativo, en nuestras equivocaciones, sin ponderar lo suficiente, e incluso infravalorando, nuestros aciertos, sería un error. Crearía en nuestra mente una imagen propia de debilidad, de baja autoestima. Todos, todos, todos los grandes hombres y mujeres que han sido, han sucumbido a momentos de flaqueza. Lo que nos hace grandes no es no tener momentos de fragilidad, lo que nos hace enormes y fuertes es padecer esos instantes pero saber superarlos.

¿Cuándo vencí?

....
....
....

¿Cómo me sentí después?

....
....
....

Con esa actitud, ¿qué me demostré a mí mismo?

....
....
....
....
....

SEMANA C

Quinto error a evitar

Pensar que no lo vas a conseguir

Por favor, si piensas eso, tú tienes un problema grande de autoestima. Si empezamos así vamos mal. Efectivamente, si crees que no vas a conseguir perder tu peso, tienes toda la razón, no vas a conseguirlo. Pero también te digo que si crees firmemente que lo vas a lograr, al final alcanzarás tu objetivo.

Henry Ford, el gran magnate norteamericano creador de la firma Ford de automóviles, tenía una frase reveladora en este sentido. Él decía: «Tanto si piensas que puedes, como si piensas que no puedes, estás en lo cierto».

Nuestras creencias dirigen nuestra vida porque condicionan nuestros actos. Si tú estás seguro de que no eres capaz de lograr algo, no lo lograrás, simplemente porque no lo intentarás, o si lo intentas no te empeñarás en la misión con la fuerza, el ánimo y la intensidad suficientes para alcanzar esa meta.

Todas las personas que tenemos o hemos tenido problemas de sobrepeso, hemos padecido en alguna ocasión, en mayor o menor medida, carencias de autoestima. No te avergüences de ello, porque es cierto, y el primer paso para corregir algo que está torcido es darse cuenta de que lo está, para enderezarlo. Pero qué pensarías si te dijese que más del 90% de los seres humanos, ya sean obesos o delgados, altos o bajos, guapos o feos, inteligentes o menos, en algún momento de su vida han sufrido frustraciones con la imagen que tenían de sí mismos. Es una situación normal y consustancial al ser humano como animal social que busca la aceptación de sus congéneres. El contratiempo no es haberse sentido inferior a los demás en algún aspecto de su vida en alguna ocasión; el problema es permanecer con ese sentimiento y no hacer nada para superarlo. Cuando vences algún hándicap, tu autoestima crece de manera proporcional al esfuerzo y a la dificultad que has tenido que afrontar para enterrarlo.

Por ello, cuando te asalten esos pensamientos parásitos de derrota y pesimismo con respecto a tu capacidad para llevar a cabo y a buen puerto tu determinación de perder peso, lo mejor que puedes hacer es formularte las preguntas adecuadas, pero sobre todo, es buscar y contestarte las respuestas pertinentes a esas cuestiones.

Pregúntate, por ejemplo: «¿Por qué pienso que no lo voy a conseguir? Párate a pensar una respuesta y cuando la tengas escríbela en un papel. Sea cual sea tu contestación, utilízala para que sea el primer paso de una estrategia encaminada a darle la vuelta a esa creencia. Si has admitido, por ejemplo, que no lo vas a alcanzar porque ya lo has probado mil veces y nunca has llegado a esa meta, no te quedes contento con tu respuesta e inquiérete de nuevo. ¿Qué ocurrió la última vez que «fracasé»? ¿Qué hice mal en aquella ocasión? Pero, sobre todo, intenta analizar sinceramente: «¿Qué tendría que haber hecho para que no me hubiera venido abajo y hubiera persistido hasta el final?». Y aplica ahora ese nuevo conocimiento que has adquirido sobre ti para estar un poco más cerca del éxito. En *coaching* tenemos muchas herramientas que te pueden ayudar a vencer creencias limitantes de ese tipo y muchas otras «objeciones» que aparecerán en tu ruta hacia tu superación.

Por ello, la próxima vez que asome por tu cabeza la idea parásita de que no eres capaz de conseguirlo, hazme un favor —hazte un favor— colócate rápidamente delante de un espejo y mirándote fijamente a los ojos, pon cara de cabreo, o dibuja en tu rostro la expresión de Rafa Nadal cuando gana un punto de partido y dite a ti mismo: ¡VAMOS! Y de verdad, salvo que tengas una enfermedad del metabolismo sin tratar –que esa es otra cuestión—, créeme cuando te digo que, si tú quieres, por supuesto que puedes conseguirlo. ¡Vamos faltaría más!

Tercer objetivo del Mindfulness: Estar presente o vivir el presente

Te encuentras viajando en un tren. Tu asiento es el que está colocado al lado de la ventanilla. Dejas descansar tu vista sobre el paisaje que va surgiendo a través del cristal. Los árboles, lomas, postes, prados, pedruscos, campos de trigo, casas de labranza derruidas... desfilan presurosas a lo largo de tus ojos. Pero, aunque los estás mirando, no los estás viendo. Son tan solo impresiones fugaces que apenas consiguen permanecer durante unos segundos en tu recuerdo.

En ese transcurrir fútil, de vez en cuando aparecen elementos que consiguen captar plenamente tu interés. Algún edificio especial, quizá un árbol con un encanto diferente a los demás, una vaca que pasta en el prado o un ternero que la persigue. Esa visión te saca de tu abstracción y atrapa tu interés. Te centras en observarla, la retienes con la mente. Te atrae, y como te atrae, te recreas en ella para intentar exprimir el máximo jugo a ese momento presente.

Y eso lo hace tu mente porque esa imagen te genera sensaciones o sentimientos positivos que te gustan, que te dan placer. Durante ese breve lapso, todos los asuntos que te pudiesen provocar pensamientos incómodos, fastidiosos o intranquilizantes se disuelven y desaparecen. Y al mismo tiempo que eso ocurre, todos los efectos físicos que provocan —alteración en nuestra presión arterial, aparato digestivo, tensión muscular— se atenúan y calman.

Podría equipararse al estado que disfrutamos cuando nos encontramos en el cine inmersos en la trama de una buena película, de esas que consiguen transportarnos fuera de nuestras preocupaciones habituales y cotidianas.

Pues bien, el Mindfulness tiene entre otros de sus objetivos conseguir que disfrutes y vivas al máximo todas las emociones que rodean tu momento presente; ese en el que te encuentras ahora, sí, en este preciso instante.

Sin apartar la vista de este libro, ¿podrías decirme qué temperatura hay en la habitación o en el entorno en el que estás?, ¿cómo la sientes en tu piel?, ¿es agradable o incómoda?, ¿qué sonidos hay en el ambiente?, ¿son molestos? Y la luz o la luminosidad, ¿es intensa, es tenue?, ¿qué color domina en el ambiente?

Seguro que no te habías parado a reparar en todos estos detalles. Es lógico, tu atención estaba centrada en lo que leías. Y es bueno que así ocurriese para que puedas ser capaz de captar y extraer al máximo las enseñanzas que te proporciona este texto.

Pero en muchas ocasiones, a lo largo de nuestro quehacer diario, en un gran número de las actividades que desarrollamos nuestra mente pasa de una manera tan alocada por ellas que nos perdemos un sinfín de pinceladas y matices que nos enriquecerían y ayudarían.

Al principio del libro te mencioné que una gran parte de las ideas que cruzan por nuestra mente en tan solo un minuto pertenecían o a pensamientos negativos, o a momentos anclados en el pasado, o a previsiones de lo que podría ocurrir en el futuro. Pocas de ellas nos hacen ser conscientes de lo que nos rodea en este instante.

Una de las intenciones del Mindfulness es la de lograr que enfoques tu percepción en todo lo que te está rodeando ahora, en el presente, y que te empapes de la mayor cantidad de peculiaridades que lo están adornando.

¿Para qué pretendemos que te centres en el «ahora»? Pues simplemente para que valores lo que posees y, no menos importante, pata que alejes de tu mente aquellas representaciones inútiles que te están generando estrés y ansiedad.

EJERCICIO DE MINDFULNESS

Empápate de un objeto

Vamos a ahondar ahora un poco más en las técnicas del Mindfulness.

Recuerda, antes de iniciar este ejercicio, hacer un paso previo por el de centrar la atención y concentrarte en una parte de tu cuerpo para sentir peso y calor y de esta forma relajarte. Posteriormente, cuando ya lo hayas conseguido, inicia un control de la respiración para aquietar la mente con inspiraciones cortas y espiraciones más largas.

Ahora elige un objeto que tengas delante, el que tú quieras, da igual si es grande o pequeño, bonito o feo. Por ejemplo, yo tenía delante en estos momentos un bolígrafo de plástico, de publicidad de un laboratorio farmacéutico, que descansaba descuidado sobre mi mesa; es el que me va a servir a mí para realizar mi práctica.

Dirige tu atención plena a esa pieza que hayas elegido. Procura alejar tu mente del resto de elementos que te rodean. El objetivo es centrar tu interés y tu atención exclusivamente en él.

Obsérvalo ¿Qué forma tiene? ¿Qué color tiene? ¿Qué brillos refleja la luz en él? A simple vista, sin tocarlo todavía, ¿qué tacto crees que tendría?, ¿frío, cálido, liso, rugoso...?, ¿cuál crees que sería su peso? Repara en las distintas partes que lo componen; fíjate en ellas e intenta dibujarlas mentalmente con un lápiz y un cuaderno imaginario; hazlo despacio, de la misma manera que procederías si realmente las estuvieses plasmando en un papel.

Ahora tómalo con una mano y concéntrate en el sentido del tacto, pasea tus dedos por él, intenta descubrir pequeñas imperfecciones o cambios en su textura. Siente en tus dedos las formas redondeadas, si las tuviere. Déjalo descansar sobre la palma de tu mano, ¿es pesado o es liviano? Enciérralo luego dentro de tu puño y oprímelo, ¿es duro o blando?, ¿es frío o es cálido?

Golpea su superficie con una uña y céntrate ahora en los sonidos.

¿Podrías reconocer ese sonido con los ojos cerrados? ¿Cómo crees que se desencadena?, ¿escuchas dentro de él partes sueltas o suena como si fuera compacto? Golpea ligeramente sobre la mesa con diferentes partes del objeto, ¿suena igual cuando percutimos con cada una de ellas? Intenta retener en tu oído la cadencia y el tono de cada golpe.

Acércate el objeto a la nariz, huélelo. Intenta describir ese olor, ¿a qué huele? —si es que huele a algo—.

Mientras estés centrado en intentar fijar en tu mente cada una de las modalidades que te he ido enumerando, tu cerebro ha estado cerca o dentro de la meditación. Contrariamente a lo que mucha gente cree, meditar no es conseguir mantener la mente en blanco; meditar es lograr sustentar nuestro pensamiento en un solo concepto y ser plenamente consciente de él durante un tiempo. Al comienzo de nuestro proceso de adiestramiento tan solo seremos capaces de fijar esa idea por breves segundos, pero paulatinamente iremos consiguiendo la facultad de permanecer enfocados durante periodos más largos, y ese descanso mental se traducirá en importantes beneficios para todo nuestro organismo.

EJERCICIO DE MOTIVACIÓN

Una de las técnicas de motivación que mejor suele funcionar es la de adentrarse en la vida y las circunstancias de otras personas que, antes que tú, han conseguido llegar al éxito padeciendo previamente tus mismos problemas y circunstancias.

En muchas empresas se invita a sus empleados y directivos a que buceen y conozcan el devenir de otros triunfadores. Si ellos, partiendo de la nada, fueron capaces de lograrlo, ¿por qué uno mismo no va a ser capaz de emularlos?

Cuando el desánimo, el cansancio y la desidia nos atacan, haciendo que las tentaciones se nos antojen insalvables, no hay nada como refugiarse en otros ejemplos positivos para impulsarnos de nuevo hacia la determinación. Al presenciar la historia de personas desconocidas pero luchadoras, nos convertimos en cómplices de los sufrimientos que tuvieron que atravesar, de los momentos duros —como el que ahora padecemos nosotros—, pero también disfrutamos de las alegrías y nos emocionamos con su éxito. Es en ese instante cuando sentimos que nos invade una alta capacidad de imitación y volvemos a creer que sí, que verdaderamente somos capaces de alcanzar —como estos «héroes»— nuestro propósito. Deseamos sentir la emoción que ellos disfrutaron al finalizar su sueño y nos vemos fuertes e impelidos a reeditar en nosotros su progreso personal. Volvemos a entrar en un estado real de motivación.

Por ello el ejercicio que te propongo en esta ocasión es el de que busques en internet, videos —que los hay, y muchos— de personas con un gran sobrepeso, que iniciaron un día un programa de adelgazamiento y que tras un lapso lo perdieron. Recréate en sus momentos duros y disfruta de cómo consiguieron superarlos. Pero, sobre todo, enfócate en la parte del video en la que hacen gala de esa vida nueva que han alcanzado con su nuevo cuerpo. Considera cómo ha cambiado su mentalidad, su autoestima y sus ganas de vivir. Y, sobre todo, haz tuya esa experiencia y siéntela en tu mente, porque es la misma que tu disfrutarás cuando, sí o sí, consigas tu propósito.

EJERCICIO DE MINDFUL-EATING

Estar presente mientras comes

Ya hemos aprendido a concentrarnos, a calmar nuestra mente y a estar presentes en pequeños objetos o momentos, a no dispersarnos; ha llegado el momento de volcar todas estas experiencias adquiridas en lo que podríamos considerar el primer ejercicio verdaderamente relacionado con un nivel avanzado de Mindful-Eating.

Vamos a trasladar las aptitudes que ya poseemos a la comida. Unas pocas páginas atrás realizábamos la práctica de ser conscientes y exprimir todas las características de un utensilio que habíamos elegido, lo observamos, lo palpábamos, lo olíamos y tan solo nos faltaba saborearlo. ¿Saborearlo? Pues por ahí van los tiros.

A lo largo de la próxima semana, a razón de uno cada día, vamos a ir centrando nuestra atención plena en un alimento e intentaremos extraer de él todas las características sensitivas que seamos capaces de atesorar. Y cuando digo atesorar utilizó el verbo correcto, porque nuestra intención es ser conscientes de todas las cualidades fantásticas que esa comida guarda dentro de ella y de la complejidad de sensaciones que podemos generar nosotros con su elaboración culinaria.

Cada jornada te iré proponiendo un comestible, procura tenerlo preparado para el día siguiente y también prográmate un instante; con tan solo cinco minutos sería suficiente para dedicárselo. Es importante que en este breve periodo nada ni nadie te moleste, tu teléfono debe estar desconectado, tu puerta cerrada y tu persona dedicada y enfocada exclusivamente al alimento del que vamos a disfrutar.

Para el primer día provéete de una infusión de jengibre con limón.

Fecha de comiendo de la semana:

Peso de comienzo:

PLAN DE ACCIÓN   4 minutos
(Lo que voy a hacer para conseguir mi meta semanal)

....
....
....
....

DIETA

....
....
....
....

EJERCICIO   6 minutos

....
....
....
....

PLAN PSICOLÓGICO
O HÁBITOS PARA ROMPER

....
....
....
....

LA LISTA DE LA COMPRA
Planifica a continuación todo lo que vas a necesitar esta semana
para poder realizar correctamente tu dieta sin que te falte nada,
y hazte una lista de la compra.

....
....
....
....
....

Lo voy a comprar el día:

TU RECOMPENSA SEMANAL

Elige, y escríbela en el recuadro de abajo, una recompensa que obligatoriamente te vas a permitir o gratificar u otorgar si consigues, el próximo viernes,
alcanzar <u>EXACTAMENTE O POR DEBAJO</u> el peso que te has marcado hoy como
meta intermedia para esta semana; <u>O SI NO HAS TENIDO NINGUNA MARCA
AMARILLA</u> durante la semana que comienza.

....
....
....
....
....

Busca y pega aquí una foto
o imagen que te recuerde
visualmente tu recompensa
elegida y te haga desearla
con mayor ahínco.

Estar presente mientras comes

DÍA 1
JENGIBRE CON LIMÓN

He escogido el jengibre para este primer ejercicio porque es una planta lo suficientemente desconocida como para que nos aporte sensaciones nuevas, y, por otra parte, porque no es tan rara como para que nos sea difícil encontrarla; además, ya existen algunos preparados comerciales que dispensan, ya preparada en bolsitas para infusión, la mezcla de esta raíz con el limón.

¿Has visto en algún programa de televisión o en alguna película de cine lo que en Japón se denomina «ceremonia del té»? Si no has podido contemplarla te recomiendo que busques en internet algún video sobre ella. Te darás cuenta de la cadencia parsimoniosa con la que, paso por paso, realizan cada una de las etapas para obtener una taza de esta tisana. No hay prisas y lo importante que emana de este ritual es que es preciso disfrutar de cada instante de su confección.

Elabora una infusión o decocción de los ingredientes señalados, el jengibre y el limón. Una vez vertido el resultado dentro de una taza, comienza tu ejercicio.

Abstráete de todo lo que te rodea salvo de tu cocimiento. Rodea primero la taza con tus dos manos y concéntrate en el calor que se difunde desde la porcelana a tu piel.

Repara después en el vapor que emana de la superficie del líquido. Observa los dibujos que traza sobre el aire. Mantente así durante unos segundos.

Posteriormente, aproxima tu nariz hacia la parte superior del recipiente e inhala los aromas que se desprenden. Intenta separarlos y repara en cada uno de ellos. Por un lado, limón, y, por otro lado, el jengibre. Retenlos en tus fosas nasales e incorpóralos a tu aparato respiratorio. Percibe cómo la mezcla de vapor y olor penetra hasta tus pulmones.

Transcurrido algo de tiempo comienza a degustar la mezcla. Bebe a sorbos pequeños; nota su temperatura en los labios y posteriormente en tu boca. Sé consciente de su textura, de cómo inunda tus papilas gustativas y toda tu cavidad bucal. Discrimina su sabor, nota cómo impregna la superficie de tu lengua dejando sensaciones diferentes por ella.

Cuando lo tragues, percibe cómo desciende por tu esófago hasta llegar al estómago. Aprecia el calor que permanece en él.

Hazlo así con cada sorbo que ingieras. Procura ser consciente en todo momento y de estar presente tan solo en esto, en la acción que estás llevando a cabo. Si algún pensamiento extraño te acecha y no eres capaz de impedir que entre en tu mente, no te agobies, permítele el acceso, pero invítalo suavemente a salir lo más rápidamente posible para volver a concentrarte en tu infusión.

Una vez apurada la última gota, mantente calmo y relajado durante uno o dos minutos, terminando de deleitarte de ese momento de placer que has disfrutado.

Para el ejercicio que realizarás mañana, ten preparada una onza o cuadradito de chocolate lo más puro o amargo que tu gusto pueda admitir.

«Sabes que es duro, pero también sabes
que el final merece la pena»

SEMANA C - Día 1 (viernes)

DESAYUNO
DEBO   2 minutos

DESAYUNO
HE HECHO   2 minutos

1/2 MAÑANA
DEBO

1/2 MAÑANA
HE HECHO

COMIDA
DEBO

COMIDA
HE HECHO

1/2 TARDE
DEBO

1/2 TARDE
HE HECHO

CENA
DEBO

CENA
HE HECHO

HOY HE HECHO ESTA CANTIDAD DE EJERCICIO

2 minutos

....
....
....
....

LO QUE ME FALTA PARA COMPLETAR MI META SEMANAL

LLEVO EN TOTAL

....
....
....
....

ME FALTA AÚN

....
....
....
....

TU MOMENTO MÁS POSITIVO DEL DÍA

4 minutos

....
....
....
....

TUS MINI-METAS DEL DÍA

2 minutos

....
....
....
....

MARCA AHORA TUS TAREAS DEL DÍA

- 🍎 LISTA DE COMIDAS ☐ 🍎
- 🏃 EJERCICIO ☐ 🏃
- ☺ MOMENTO POSITIVO ☐ ☺
- ✅ MINI-META ☐ ✅
- 👁 INFORMAR ☐ 👁
- i EJERCICIO DE MINDFULNESS ☐ i
- ⚙ EJERCICIO DE MINDFUL-EATING ☐ ⚙
- ☷ LEER LISTA DE LOS MOTIVOS ☐ ☷

Estar presente mientras comes

DÍA 2
CHOCOLATE AMARGO

Vamos a explorar hoy otro matiz del gusto, que no suele ser muy agradable para la mayoría de los humanos. Pero curiosamente, cuando uno se acostumbra a él durante un tiempo, al final se acaba convirtiendo en una degustación apetecible. es el amargo.

Para tomar contacto con él he escogido el chocolate ya que representa una de las adicciones más comunes entre las personas que tenemos dificultades para controlar nuestra apetencia por la comida. Es muy frecuente «pecar» por culpa de este alimento.

Pero el chocolate es un manjar interesante y muy sano; lo que mengua su calidad nutricional son todas aquellas sustancias que se incorporan al cacao para hacerlo más atractivo y deseable, como por ejemplo el azúcar, los pralinés y diversas grasas.

Por ello pretendo con este ejercicio ayudarte a encontrar el verdadero placer sano del chocolate. Cuanto más amargo puedas soportar, más cerca estarás de no incorporar en su composición aderezos menos deseables. Quizás, al principio, tan solo puedas soportar una combinación con un 70% de cacao, o incluso menos, pero sería deseable que conforme vayas encontrando ese sabor más tolerable, fuerces un paso más a tu paladar para acostumbrarlo a un mayor porcentaje. Todo redundará en beneficio de tu salud.

Recuerda, pues de nuevo, dedicar un tiempo a esta práctica y aislarte del resto del mundo. Te pareceré un poco reiterativo insistiéndote continuamente en lo mismo, pero tendemos a acelerar los procesos y a saltarnos los pasos que nosotros creemos más prescindibles. Y ese suele ser el primer error, el que nos conduce a fracasar en nuestros empeños.

Consigue concentrarte en alguna parte de tu cuerpo para sentir peso y calor en ella; ajusta tu respiración prolongando la espiración.

Iniciamos la cadencia adecuada: con la vista observa su color, su forma, su grosor.

Usando el tacto, toca la onza de chocolate. Repara en su temperatura, rugosidad y consistencia.

Huélela e imprégnate de sus aromas.

Introdúcela en tu boca, pero antes de masticarla paséala por encima de tu lengua, intentando descubrir los matices de sabor que todavía no se han desprendido.

Quiebra su superficie con tus dientes y repara en el crujido y en la sensación que trasmite este alimento. ¿Sería igual de apetitoso si no fuese crujiente? ¿Qué aporta ese chasquido continuo al placer de comerlo?

Y finalmente, mastícalo, de una forma lenta y pausada, procurando que todas las partículas de sabor se difundan bien por todos los recovecos de tu cavidad bucal. Intenta descubrir en qué partes de ella se depositan con más intensidad. Tras tragarlo concéntrate en la sensación que permanece en tu boca, en tu nariz...

Y lo más importante, sé consciente de todo ello.

Ten dispuesto algún alimento conservado en vinagre, como podría ser pepinillos o cebolletas, para el entrenamiento de mañana.

«Si crees que no puedes conseguirlo, es que realmente no quieres conseguirlo»

SEMANA C - Día 2 (sábado)

DESAYUNO
DEBO
2 minutos

DESAYUNO
HE HECHO
2 minutos

1/2 MAÑANA
DEBO

1/2 MAÑANA
HE HECHO

COMIDA
DEBO

COMIDA
HE HECHO

1/2 TARDE
DEBO

1/2 TARDE
HE HECHO

CENA
DEBO

CENA
HE HECHO

HOY HE HECHO ESTA CANTIDAD DE EJERCICIO

2 minutos

....
....
....
....

LO QUE ME FALTA PARA COMPLETAR MI META SEMANAL

LLEVO EN TOTAL

....
....
....
....

ME FALTA AÚN

....
....
....
....

TU MOMENTO MÁS POSITIVO DEL DÍA

4 minutos

....
....
....
....

TUS MINI-METAS DEL DÍA

2 minutos

....
....
....
....

MARCA AHORA TUS TAREAS DEL DÍA

🍎 LISTA DE COMIDAS ☐ 🍎
🏃 EJERCICIO ☐ 🏃
☺ MOMENTO POSITIVO ☐ ☺
✅ MINI-META ☐ ✅
👁 INFORMAR ☐ 👁
i EJERCICIO DE MINDFULNESS ☐ i
⚙ EJERCICIO DE MINDFUL-EATING ☐ ⚙

Estar presente mientras comes

DÍA 3
PEPINILLOS O CEBOLLETAS EN VINAGRE

Voy a intentar a lo largo de las dinámicas de esta semana ir introduciéndote en una diversidad de sabores para concentrarte en cada uno de ellos y extraer los diferentes matices que incorporan.

Hoy nos toca el sabor agrio en forma de encurtidos.

Vamos a seguir el mismo proceso que hemos mantenido en las dos ocasiones anteriores. Concentración, respiración, calmar la mente y estar presente con el alimento que estamos ingiriendo.

Una vez que hemos tomado contacto con él, empleamos primero la vista, seguido del tacto, a continuación, el olfato y finalmente el gusto y el oído.

Con relación al tacto, no solamente se puede percibir directamente a través de la piel, también podemos testar sus aspectos a través de los utensilios de comida, cuchillos y tenedores.

Con los pepinillos y las cebolletas es importante, a la hora de analizar sus peculiaridades, tener en consideración su frescura y percibir cómo los jugos que incorporan impregnan toda nuestra boca.

Nuestra próxima dinámica la enfocaremos a las frutas dulces; ten preparada alguna para sumergirnos en sus sensaciones.

«Cada vez que vences en una pequeña dificultad de una situación, tu carácter se fortalece para todas las demás»

SEMANA C - Día 3 (domingo)

DESAYUNO
DEBO
🕐 2 minutos

DESAYUNO
HE HECHO
🕐 2 minutos

1/2 MAÑANA
DEBO

1/2 MAÑANA
HE HECHO

COMIDA
DEBO

COMIDA
HE HECHO

1/2 TARDE
DEBO

1/2 TARDE
HE HECHO

CENA
DEBO

CENA
HE HECHO

HOY HE HECHO ESTA CANTIDAD DE EJERCICIO

2 minutos

....
....
....

LO QUE ME FALTA PARA COMPLETAR MI META SEMANAL

LLEVO EN TOTAL	ME FALTA AÚN

TU MOMENTO MÁS POSITIVO DEL DÍA

4 minutos

....
....
....
....

TUS MINI-METAS DEL DÍA

2 minutos

....
....
....

MARCA AHORA TUS TAREAS DEL DÍA

- 🍎 LISTA DE COMIDAS ☐ 🍎
- 🏃 EJERCICIO ☐ 🏃
- ☺ MOMENTO POSITIVO ☐ ☺
- ☑ MINI-META ☐ ☑
- 👁 INFORMAR ☐ 👁
- i EJERCICIO DE MINDFULNESS ☐ i
- ⚙ EJERCICIO DE MINDFUL-EATING ☐ ⚙

Estar presente mientras comes

DÍA 4
FRUTAS DULCES

Seguimos el mismo proceso que en jornadas precedentes. Para ello vamos a elegir una pieza de fruta, cuanto más dulce mejor.

Iniciaremos con la cadencia acostumbrada de concentración, respiración y calma; y tomaremos contacto con el momento presente centrándonos en el alimento del que hoy nos vamos a servir.

Vista, tacto, olfato, gusto y sonido que se genera al deglutirlo.

En las frutas dulces hay que prestar especial atención a la frescura que irradian en la boca; a la humedad que generan con sus jugos; a la localización del sabor dulce y al regusto que permanece en ella una vez que ya las hemos ingerido.

También el crujido suave que transmite a nuestros oídos es una de las características peculiares de las fibras de las frutas.

En la dinámica de mañana usaremos una o dos almendras tostadas, y que conserven la piel con algunos pequeños granos de sal en su superficie.

«Comer un trozo pequeño de algo que no debes, no te quita el hambre, pero puede destrozar tu voluntad»

SEMANA C - Día 4 (lunes)

DESAYUNO
DEBO
2 minutos

DESAYUNO
HE HECHO
2 minutos

1/2 MAÑANA
DEBO

1/2 MAÑANA
HE HECHO

COMIDA
DEBO

COMIDA
HE HECHO

1/2 TARDE
DEBO

1/2 TARDE
HE HECHO

CENA
DEBO

CENA
HE HECHO

HOY HE HECHO ESTA CANTIDAD DE EJERCICIO

2 minutos

....
....
....
....

LO QUE ME FALTA PARA COMPLETAR MI META SEMANAL

LLEVO EN TOTAL

....
....
....
....

ME FALTA AÚN

....
....
....
....

TU MOMENTO MÁS POSITIVO DEL DÍA

4 minutos

....
....
....
....

TUS MINI-METAS DEL DÍA

2 minutos

....
....
....
....

MARCA AHORA TUS TAREAS DEL DÍA

- 🍎 LISTA DE COMIDAS ☐ 🍎
- 🏃 EJERCICIO ☐ 🏃
- ☺ MOMENTO POSITIVO ☐ ☺
- ☑ MINI-META ☐ ☑
- 👁 INFORMAR ☐ 👁
- i EJERCICIO DE MINDFULNESS ☐ i
- ⚙ EJERCICIO DE MINDFUL-EATING ☐ ⚙

EJERCICIO DE MINDFUL-EATING
Estar presente mientras comes

DÍA 5
ALMENDRAS SALADAS

En esta ocasión le toca el turno al sabor salado. Para ello he escogido la almendra rebozada en sal, esa que ha sido tostada y que tiene adheridas pequeñas costras de este condimento.

Tras la introducción habitual y la predisposición adecuada para captar todos los matices, tomamos contacto con este fruto seco.

En esta ocasión el tacto entre los dedos nos permitirá descubrir la fragilidad, o no, de su pellejo, su sequedad y la cantidad de sal que lo recubre.

En cuanto a la captación del gusto, deberíamos localizar en qué zona de nuestras papilas gustativas se ubica la mayor parte de la sensación salada, así como ser conscientes del tiempo que permanece en ella una vez que el alimento ha desaparecido de la boca.

Y por supuesto, ser conscientes del crujido que se produce cuando molturamos esa pequeña semilla entre nuestras muelas.

Para mañana tendremos preparadas unas pequeñas muestras con aceite de oliva, otro tipo de aceite alimentario como podría ser girasol, soja, nuez... y una pequeña porción de mantequilla.

«Si permites que tu autoboicoteador te dirija la vida, vivirás su vida, no la tuya.»

SEMANA C - Día 5 (martes)

DESAYUNO
DEBO · 2 minutos

DESAYUNO
HE HECHO · 2 minutos

1/2 MAÑANA
DEBO

1/2 MAÑANA
HE HECHO

COMIDA
DEBO

COMIDA
HE HECHO

1/2 TARDE
DEBO

1/2 TARDE
HE HECHO

CENA
DEBO

CENA
HE HECHO

HOY HE HECHO ESTA CANTIDAD DE EJERCICIO

 2 minutos

....
....
....

LO QUE ME FALTA PARA COMPLETAR MI META SEMANAL

LLEVO EN TOTAL

....
....
....

ME FALTA AÚN

....
....
....

TU MOMENTO MÁS POSITIVO DEL DÍA

 4 minutos

....
....
....
....

TUS MINI-METAS DEL DÍA

 2 minutos

....
....
....
....

MARCA AHORA TUS TAREAS DEL DÍA

- 🍎 LISTA DE COMIDAS ☐ 🍎
- 🏃 EJERCICIO ☐ 🏃
- ☺ MOMENTO POSITIVO ☐ ☺
- ✅ MINI-META ☐ ✅
- 👁 INFORMAR ☐ 👁
- i EJERCICIO DE MINDFULNESS ☐ i
- ⚙ EJERCICIO DE MINDFUL-EATING ☐ ⚙

EJERCICIO DE MINDFUL-EATING
Estar presente mientras comes

DÍA 6
ACEITES Y MANTEQUILLA

Hoy vamos a dedicar nuestro tiempo a un encuentro con las grasas comestibles. Diferenciaremos sus matices, sobre todo en olor, en sabor y en tacto o untuosidad en la boca.

Ayer te comenté que te proveyeses de tres grasas diferentes, colocadas delante de ti, y separadas en algún pequeño recipiente preferentemente blanco, un platillo de café de este color o alguna taza de porcelana.

Iniciamos como es habitual la preparación al ejercicio buscando la concentración adecuada, provocando la respiración con la cadencia aprendida y calmando nuestra mente.

Obsérvalas. Aunque su composición es muy parecida, básicamente ácidos grasos, las diferencias que existen entre cada una de sus moléculas les confieren pequeñas desigualdades que provocan en nuestros sentidos impresiones diferentes. Su color, con una tonalidad parecida, muestra matices dispares.

Los ácidos grasos que intervienen en sus moléculas son una de las sustancias que mejor trasportan los aromas; inhálalos y concéntrate para distinguir las fragancias peculiares de cada uno de ellos.

Y, por último, cataremos su sabor. Para ello, escoge uno de los tres, el que prefieras, en primer lugar. Introdúcelo en tu boca depositándolo en la punta de la lengua y permitiendo que se deslice suavemente hacia el resto de tu cavidad bucal. Sé consciente de cómo impregna tus papilas gustativas y de cómo sobrenada tu lengua. Repara en su textura, en la forma en que se mezcla con tu saliva y como así consigue difundir su sabor por toda tu boca y por el paladar.

Una vez que lo hayas tragado permanece durante algunos segundos reteniendo las sensaciones de gusto, aroma y de tacto que ha transportado a tus sentidos.

Bebe un poco de agua fría para despedir los últimos vestigios de tu primer aceite.

Realiza de nuevo toda la mecánica antes descrita con el segundo de tus lípidos alimentarios. Enfócate ahora en él, olvidando los matices del anterior y, sobre todo, intentando no comparar las propiedades de cada uno de ellos. Recuerda que el objetivo de esta dinámica es estar presente en el instante actual y aprender a no trasladar la mente a hechos acaecidos en el pasado, ni a previsiones que podrían tener lugar en el futuro. Es por ello por lo que en el adiestramiento de hoy he querido introducir tres grasas, tres sabores diferentes para que practiques la desconexión con lo ya acaecido.

Repite todo este proceso y conclúyelo por último con la mantequilla.

Para el ejercicio final de esta semana, que llevaremos a cabo mañana, ten preparada una loncha de jamón curado o un pequeño trozo de queso parmesano.

*«No te centres en lo difícil que
es la meta final, céntrate en lo fácil que
es la meta de esta semana»*

SEMANA C - Día 6 (miércoles)

DESAYUNO
DEBO
🕐 2 minutos

DESAYUNO
HE HECHO
🕐 2 minutos

1/2 MAÑANA
DEBO

1/2 MAÑANA
HE HECHO

COMIDA
DEBO

COMIDA
HE HECHO

1/2 TARDE
DEBO

1/2 TARDE
HE HECHO

CENA
DEBO

CENA
HE HECHO

HOY HE HECHO ESTA CANTIDAD DE EJERCICIO

2 minutos

....
....
....
....

LO QUE ME FALTA PARA COMPLETAR MI META SEMANAL

LLEVO EN TOTAL

....
....
....
....

ME FALTA AÚN

....
....
....

TU MOMENTO MÁS POSITIVO DEL DÍA

4 minutos

....
....
....
....

TUS MINI-METAS DEL DÍA

2 minutos

....
....
....
....

MARCA AHORA TUS TAREAS DEL DÍA

- 🍎 **LISTA DE COMIDAS**   ☐ 🍎
- 🏃 **EJERCICIO**   ☐ 🏃
- ☺ **MOMENTO POSITIVO**   ☐ ☺
- ☑ **MINI-META**   ☐ ☑
- 👁 **INFORMAR**   ☐ 👁
- **i EJERCICIO DE MINDFULNESS**   ☐ i
- ⚙ **EJERCICIO DE MINDFUL-EATING**   ☐ ⚙

EJERCICIO DE MINDFUL-EATING
Estar presente mientras comes

DÍA 7
SABOR UMAMI

Para este, el último día, he querido dejar un sabor particularmente peculiar: el sabor umami, que de una traducción del idioma japonés, vendría a ser el sabor «sabroso». Se considera que es una mezcla de todos los demás sabores y que tiene unas especiales características muy atractivas al paladar.

No es ni salado, ni dulce, ni amargo, ni ácido; es una mixtura de todos ellos y se percibe en la zona central de la lengua. Quizás el máximo exponente de él que tenemos en la gastronomía española es el del jamón ibérico curado.

Procedemos pues a ser conscientes y a atesorar todas las huellas que puede dejar en nuestros sentidos.

Deberías tener preparada para este nuevo test una fina loncha de jamón serrano (preferentemente, ibérico de bellota) o un pequeño trozo, aproximadamente del tamaño de un dedal, de queso curado o preferentemente parmesano.

Iniciamos los preliminares para ponernos en situación, concentración, respiración y tranquilidad.

Fijamos nuestra vista en el alimento. Nos damos cuenta de su color, de su aspecto, de los brillos que desprende su superficie...

Lo pinzamos después con dos de nuestros dedos y comprobamos su tacto, su temperatura, la viscosidad de su superficie, la consistencia.

Con el sentido del olfato intentamos captar las fragancias que de nuestro alimento se desprenden. Las retenemos durante unos instantes en las fosas nasales. Estamos siendo conscientes de la gama de aromas que percibimos.

Introducimos la porción en la boca y sin masticarla todavía, la paseamos por ella dejando que sus primeros matices de sabor se vayan repartiendo por entre sus recovecos. Nos hacemos conscientes de su gusto.

Una vez que lo hemos tragado, fijamos nuestra atención en lo que, en las catas de vino, se llama el «retrogusto», que es la sensación que permanece, sobre todo en nuestra garganta, una vez que hemos ingerido el alimento.

Con estas siete pruebas que hemos entrenado durante la semana espero que hayas aprendido a ser mucho más consciente de lo importante que resulta «estar presente» y con «atención plena» en el acto de comer. Esto es básicamente lo que significa el concepto de Mindful-Eating; pero yo, como médico especializado en la nutrición, no quiero quedarme solamente en esta fase; quiero llevarla un paso más adelante y eso es lo que pretendo enseñarte durante los próximos siete días.

«Un paso más y estarás más cerca
de conseguirlo y más lejos de cuando
creías que no podías»

SEMANA C - Día 7 (jueves)

DESAYUNO
DEBO
🕐 2 minutos

DESAYUNO
HE HECHO
🕐 2 minutos

1/2 MAÑANA
DEBO

1/2 MAÑANA
HE HECHO

COMIDA
DEBO

COMIDA
HE HECHO

1/2 TARDE
DEBO

1/2 TARDE
HE HECHO

CENA
DEBO

CENA
HE HECHO

HOY HE HECHO ESTA CANTIDAD DE EJERCICIO

2 minutos

....
....
....
....

LO QUE ME FALTA PARA COMPLETAR MI META SEMANAL

LLEVO EN TOTAL   **ME FALTA AÚN**
....
....
....
....

TU MOMENTO MÁS POSITIVO DEL DÍA

4 minutos

....
....
....
....

TUS MINI-METAS DEL DÍA

2 minutos

....
....
....
....

MARCA AHORA TUS TAREAS DEL DÍA

- 🍎 **LISTA DE COMIDAS**   ☐ 🍎
- 🏃 **EJERCICIO**   ☐ 🏃
- ☺ **MOMENTO POSITIVO**   ☐ ☺
- ✅ **MINI-META**   ☐ ✅
- 👁 **INFORMAR**   ☐ 👁
- **i** **EJERCICIO DE MINDFULNESS** ☐ **i**
- ✿ **EJERCICIO DE MINDFUL-EATING** ☐ ✿

Comprueba los resultados

Hoy es viernes por la mañana, la semana ha llegado a su fin, es hora de verificar y valorar los resultados obtenidos y compararlos con los objetivos que te propusiste al inicio de esta.

Anota el peso u objetivo nutricional que conseguiste la semana anterior, y que fue con el que comenzaste esta semana:

PESO DE INICIO DE ESTA SEMANA

META DESEADA AL FINAL DE LA SEMANA

Apunta a continuación la meta que te marcaste al principio de estos 7 días

META OBTENIDA AL FINAL DE LA SEMANA

Ahora escribe el resultado que has tenido

Finalmente describe con un adjetivo, tanto si has llegado a donde te propusiste como si no lo has hecho, cómo te sientes ahora:

Has recorrido ya mucho camino. Cualquier reto tiene sus obstáculos en el trayecto. A veces estos son muy duros y el desánimo es nuestro mayor enemigo. Pero ya has aprendido de ello y seguro que si esta vez no has adelgazado lo que esperabas es porque recuerdas que la pérdida de peso no es un circuito en continuo descenso, sino más bien se asemeja a unas escaleras que en su recorrido se apoyan en algún rellano que nos frena. Aprovecha para tomar impulso y persiste en tu empeño. Lo vas a conseguir.

Por favor, no abandones ahora, que ya casi puedes tocar tu meta con los dedos.

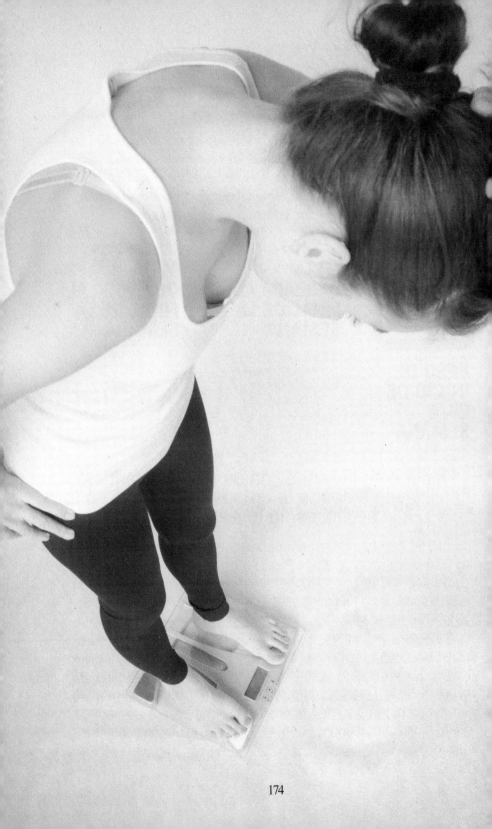

Sexto error a evitar

Pensar que cuando dejes la dieta vas a recuperar todo el peso perdido porque ayer te la saltaste y hoy pesas un kilo más

En el libro *Coaching nutricional para tener éxito en tu dieta* enumeraba, una primera serie de errores frecuentes que la gente que se somete a una dieta de adelgazamiento suele cometer y que le hacen fracasar a la hora de conseguir su objetivo de pérdida de peso. Uno de ellos era el de pesarse todos los días (si quieres conocer por qué esto es un error y no tienes el libro puedes consultar el vídeo con la explicación en mi página web, concretamente en la dirección url, **http://sambeatcoach.com/pesate.html).**

Pues bien, aquel fallo está muy relacionado con este.

Ayer te saltaste la dieta y, ¿te has pesado hoy? Pero qué masoquista eres. ¿Qué esperabas encontrar en tu báscula? ¿Una carita feliz :-) que te dijese: «Muy bien campeón, no pasa nada; ayer disfrutaste, pero hoy todo sigue igual o incluso mejor»? Pues no. Lo normal es que el peso haya subido, en mayor o menor proporción dependiendo de tus «alegrías» del día anterior. Y, como diría un gran cantante español afincado en Miami: «Y lo sabes». De hecho, hoy te has subido a tu balanza con la secreta esperanza de que lo del día anterior hubiera sido solo un sueño, tan solo un desliz de la imaginación. Pero, realmente, estabas firmemente convencido de que no... de que no iba a obrarse un milagro. Y, efectivamente, no ha habido una respuesta sobrenatural a tus deseos. Hoy pesas más.

Pero no te preocupes, con todo ello has hecho feliz a alguien. Hay un ser que, en cuanto tu balanza se ha quedado fija en la cifra con la que hoy te has despertado, ha empezado a brincar dando saltos de alegría. Has alimentado sin saberlo y sin quererlo a ese autoboicoteador personal que todos tenemos dentro y que tiene como misión conseguir que fracasemos en cualquier empeño que nos propongamos. Pues ¡hala! Con pesarte le has dado «vidilla».

Ya está maquinando nuevas argucias y malos pensamientos para conseguir que tires la toalla. Y, más o menos, lo que te a va a ir repitiendo machaconamente, martilleando tu cabeza, es una retahíla de frases parecidas a estas:

• Has cogido un kilo, y solo te lo saltaste ayer.
• No es justo tanto sacrificio, ¿para qué?
• Y cuando dejes la dieta, ¿qué pasará? Volverás a recuperar todo lo que hayas perdido.
• Realmente no merece la pena.
• Total, si nunca vas a salir de gordo, resígnate.
• Manda todo a la porra y come lo que te apetezca

Pues sí, mándalo a la porra. Pero a quien tienes mandar a ese despreciable lugar es a él. No dejes que se haga con tu vida. Y, por cierto, todo lo que te diga es mentira. Porque lo que te ha ocurrido con los kilos tras el desastre de ayer tiene su explicación fisiológica. Y no; no quiere decir que cuando termines con tu plan nutricional de pérdida de peso vas a restaurar toda la grasa que has ido abandonando por el camino. Yo solo te puedo hablar de mi método, aunque supongo que todos los planes deberían tener una fase de mantenimiento; el Método San Pablo sí que la tiene. Cuando llegues a tu objetivo de peso, lo normal es que el profesional que te ha ido marcando los pasos de ese camino te indique qué es lo que debes hacer para poder mantener lo que has conseguido. Particularmente con el Método San Pablo, una vez que hemos alcanzado esa cima, puedes volver a comer todo tipo de alimentos (sí, cuando digo todo tipo me refiero también a pizzas, cerveza y chocolate con churros) y te diremos las pautas a seguir para que aprendas a conocer tu metabolismo y a aliarte con él para que no se vuelva a desbocar.

Pero también quiero puntualizarte algunos aspectos que ocurrirán una vez concluyas tu plan. Un concepto que suelo explicar a mis pacientes es que la comida que engorda no es la que entra en tu cuerpo, es la que se queda a vivir contigo. Yo las llamo «comida transeúnte» y «comida residente».

Esto se asemeja a ese familiar que viene de fuera «de visita» y con el que pasamos ratos muy amenos, entretenidos y divertidos. Realmente nos apetece disfrutar del tiempo con él, pero eso sí, tan solo unos instantes; después de ello, lo mejor es que vuelva a su casa y cada uno a su vida.

Con la comida que nos atrae sucede algo parecido, nos apetece «que nos visite» ocasionalmente en forma de excesos a nuestra dieta, pero si eso se transforma en un hábito y esos encuentros se convierten en una costumbre, al final los kilos que conllevan se quedan a residir con nosotros. Tenemos que lograr que pasen por nuestro cuerpo pero que después lo abandonen; que esos minutos gratos sean lo más esporádicos posible, que aprendamos a vivir sin ellos o a dosificarlos en la medida de nuestros intereses, y para ello el Mindfulness y el Mindful-Eating son herramientas altamente efectivas.

APRENDIENDO DE LOS ERRORES

15 minutos

Una semana más tenemos la oportunidad de ir profundizando en un conocimiento de nosotros mismos que antes no poseíamos. El analizar cómo nos hemos conducido ante determinadas situaciones, pero, sobre todo, intentar comprender el por qué hemos reaccionado de una forma concreta, no deseada, cuando unos días antes nos habíamos propuesto comportarnos de manera distinta, nos puede aportar muchos datos que, si somos capaces de saberlos trabajar, nos permitirán crecer.

¿En qué me he apartado de la dieta?

....

Circunstancias

¿DÓNDE ESTABA?   ¿CON QUIÉN?   ¿QUÉ HACÍA?

....

¿Tenía hambre física? ....

¿Cómo me sentí después?

....
....

¿Qué tendría que haber hecho (y que haré la próxima vez) para superar la situación?

....
....
....

DISFRUTA DE TU FORTALEZA

Sé creativo. Valora lo que realmente has conseguido al superar esas tentaciones, pero esta vez descríbelo de una forma diferente, no uses las mismas frases que has empleado en las páginas anteriores. Utiliza un estilo grandilocuente y ampuloso, como si estuvieras describiendo una batalla épica de la antigüedad, ensalzando los valores del héroe; porque eso es en lo que realmente te estás convirtiendo, en un héroe. Pues trátate como tal y glosa tu gesta de esta semana cual novela histórica y ejemplar.

¿Cuándo vencí?

....
....
....

¿Cómo me sentí después?

....
....
....

Con esa actitud, ¿qué me demostré a mí mismo?

....
....
....
....
....
....

SEMANA D

El día de las infusiones

Esta semana vamos a elegir uno de esos días especialmente peligrosos en los que las tentaciones nos acechan detrás de todas las esquinas, las de la nevera, las de la despensa, las de la pastelería del barrio, las de la gasolinera, las de las diabólicas máquinas de *vending* (esas sí que las carga el diablo, aunque venga disfrazado con apariencia de operario), las de la cafetería de los pinchos y tapas, en fin todos esos sitios que el destino nos coloca en el camino que tenemos que recorrer cada jornada, desde que amanece hasta más allá del ocaso, que suele ser la hora en la que nos acostamos. Durante todas esas largas y tediosas horas nos vemos sometidos a un continuo bombardeo de estímulos encaminados a torpedear nuestra fuerza de voluntad. A estas alturas de tu proceso de pérdida de peso ya se debería haber operado en tu personalidad un cambio de hábitos, con relación a la comida, tan potente, que te permitiese pasar por encima de todos esos impedimentos con la mayor soltura. Pero aun así nunca está de más dotar a nuestro «ejercito» antitentaciones de nuevas armas para vencer en esas acechantes y difíciles pruebas.

Hoy vamos a desarrollar una nueva. Nos va a facilitar calmar momentáneamente ese furor estomacal que se nos apodera a mitad de tarde, sobre todo cuando estamos ansiosos y aburridos. Es bien sabido que introducir algo caliente y con sabor en nuestro tubo digestivo contribuye a engañar ese deseo de comer. Y para ello vamos a utilizar infusiones de gustos diferentes.

Organízate una cata de tisanas. Acércate hasta un establecimiento especializado y, previo consejo del experto del lugar, adquiere unas cuantas hierbas diferentes. Con cuatro o cinco estaría bien. Ya en tu cocina, elabóralas y paladéalas para encontrar la sensación gustativa que a tu paladar mejor se le acomode. Y nada, ya puedes comenzar a crear un nuevo habito que sustituya al de la alacena de los dulces vespertina.

Un último consejo, incorporar una decocción de jengibre a la taza de tu infusión, dotará a esta de un ligero y agradable sabor picante, con la gratificación añadida de que el jengibre es antioxidante y ayuda a adelgazar.

Mindful-Eating y ¿ya está?

No, demos un paso más: Mindful-Nourishing

Mindfulness, significa atención y percepción plena, estar presente en el instante que nos encontramos viviendo actualmente, siendo conscientes de lo que nos rodea.

Mindful-Eating lleva ese concepto a una situación más específica, el momento de la comida, consiguiendo que incrementemos el valor y el disfrute de ese acto, y por añadidura, que nos induzca a cambiar muchos de los comportamientos erróneos que tenemos con respecto a ella.

Pero yo quiero trasladar esas ideas un escalón más arriba. Como médico dedicado a la nutrición, no puedo quedarme tan solo en el hecho de comer, en el acto de ingerir la comida; creo que tengo la capacidad y el deber de pretender hacer consecuentes a mis pacientes y a mis lectores de todo lo que conlleva el acto fisiológico de alimentarse.

He realizado búsquedas en internet, en el todo enciclopédico Google, acerca del concepto de Mindful-Nourishing y no lo he hallado, salvo para una marca de cosméticos, que no es el caso para el que yo lo quiero aplicar. Por lo tanto, entiendo que esta corriente de comportamiento todavía no ha sido teorizada por nadie y creo que es aquí, en este libro, el primer espacio donde va a ser conceptualizada y abordada.

Le he puesto el nombre de Mindful-Nourishing, (en inglés, *to nourish* significa nutrir) porque a nivel de marketing queda mucho más aparente. Tenemos la creencia subconsciente de que si una corriente científica proviene de la geografía anglosajona es mucho más interesante y académica, y por ello más digna de nuestro atención y seguimiento. A mí me hubiera gustado llamarla «Nutrición consciente», en el idioma de Cervantes que, según cantaba el Premio Nobel Bob Dylan, es la lengua del amor, pero aún no es la lengua de la ciencia —aunque tengo el convencimiento de que, si los hispanoparlantes nos empeñamos, llegará a serla—. Por ahora, estoy seguro de que denominarla en nuestro bello idioma la hubiera abocado al ostracismo y al olvido; y no estoy por la labor.

Por ello hablaré de Mindful-Nourishing (o «Nutrición consciente» tanto monta, monta tanto) para definir la técnica que nos enseñará a mantener la atención plena y a ser conscientes de cómo actúa un nutriente, simple o complejo, en nuestro organismo, tanto en el momento en el que lo estamos ingiriéndolo como, transcurrido un tiempo, y de los efectos que desencadena en cada una de las partes de nuestro organismo.

Cuando introducimos en nuestro aparato digestivo algún alimento, este comienza a sufrir una serie de procesos químicos y biológicos que lo van transformando, descomponiéndolo en moléculas cada vez más pequeñas, que al final son transportadas a determinadas zonas de nuestro organismo. Al llegar provocan cambios en el estado fisiológico de los tejidos y los órganos. En función de la naturaleza de las moléculas que les llegan, estas reacciones pueden ser más o menos beneficiosas o perjudiciales, en mayor o menor grado.

Pero generalmente, cuando terminamos nuestro acto de comer, trasladamos nuestra atención a otros quehaceres, olvidando que es precisamente en ese instante cuando el alimento está cumpliendo su cometido primordial, el de nutrir a las células para que nuestra vida pueda seguir su curso, pero sobre todo para que esa partícula química que hemos incorporado al organismo a través de la alimentación genere un incremento o un decremento en nuestra salud.

El Mindful-Nourishing pretende convertirse en la escuela que solucione este vacío, enseñando a los comensales a ser conscientes de cuáles son esas reacciones químicas que, en este presente (el tiempo que transcurre durante la digestión y posterior), están contribuyendo a mejorar nuestra vitalidad... o a comprometerla.

EJERCICIOS DE MINDFUL-NOURISHING
Una de cal y otra de arena y...

Durante esta semana que comienza vamos a introducirnos en el, para mí, fascinante mundo del Mindful-Nourishing. Estoy convencido que si conseguimos dominar esta ciencia habremos logrado un fantástico avance en la atención de nuestra salud. Seremos más conscientes y capaces de tomar las riendas de nuestro cuidado personal.

Conforme vayamos realizando las dinámicas que he preparado para este libro, irás comprendiendo y apreciando los beneficios que ella te va a reportar.

En muchas ocasiones nos ha llegado la información de que tal o cual alimento es bueno para nuestro organismo. Su ingesta conlleva un incremento en los niveles saludables de una determinada parte de nuestro cuerpo. De la misma forma, existen comestibles concretos que generan una respuesta en sentido contrario y alteran la adecuada actividad de algún órgano o sistema. Pero, generalmente, el conocimiento se queda solo en eso, en información pasajera.

Con la práctica del Mindful-Nourishing ahondaremos en estas reacciones internas que acontecen dentro de nosotros e intentaremos «estar presentes» y ser más conscientes de que se están llevando a cabo y en dónde lo están haciendo.

Insisto en que para llegar a este grado de perfeccionamiento o es muy importante dominar, o cuando menos estar básicamente entrenado, en los pasos previos del Mindfulness y del Mindful-Eating, que son los de concentración, respiración, calma de la mente y conciencia del acto de comer; cuando esta secuencia se tenga incorporada, avanzaremos un paso y nos sumergiremos en el Mindful-Nourishing.

En el subtítulo de este capítulo hago referencia a la frase «Una de cal y otra de arena» y lo señalo así porque en los ejercicios que voy a intercalar durante los próximos siete días pretendo alternar alimentos o comidas que son beneficiosas para nuestra fisiología con otras que se comportan como claramente perjudiciales y nocivas.

Comenzaremos con la de cal, que es la buena, aunque en según qué interpretaciones la colocan en el lado negativo, pero para no crear confusión voy a iniciar los ejercicios con un nutriente imprescindible y universal:

DÍA 1
EL AGUA

Dentro de todos los elementos que intervienen en el proceso nutricional del ser humano, y de la mayoría de los animales, el agua es una de las sustancias que casi nunca provoca resultados perjudiciales. Y puntualizó el «casi nunca» porque, según reza un viejo aforismo de la medicina, lo peligroso de una sustancia no es la sustancia en sí, sino la dosis que administramos de ella. El agua es uno de los productos que tiene un área de manejabilidad más amplia, pero eso no significa que sea completamente inocua; consumirla en unas cantidades excesivas puede provocar graves problemas de salud.

En este ejercicio la usaremos en su dosis justa y vamos a ser conscientes de cómo actúa en el interior de nuestro organismo.

Una vez que has llegado al estado perfecto de concentración, relajación y conciencia plena del Mindfulness, prepara un vaso de agua y bébelo en pequeños sorbos, reparando en todas las sensaciones que va depositando en tus sentidos, tal y como ya hemos aprendido y entrenado en los ejercicios de Mindful-Eating del capítulo anterior.

Cuando ya haya abandonado nuestra boca camino hacia el interior de nuestro aparato digestivo, vamos a trasladar nuestra conciencia de las percepciones que impregnaba claramente en nuestra lengua hacia las que se están generando en nuestro esófago y luego en el estómago.

Llegados a este punto vamos a hacer un breve paréntesis que aprovecharé para apuntarte una breve descripción de lo que el agua está desencadenando y de lo que va a reportar a tu cuerpo.

El agua: breve descripción de su metabolismo

Una vez es bebida, el agua discurre a través de nuestro aparato digestivo, donde es absorbida y pasa al torrente sanguíneo. A partir de ahí se distribuye por todos los rincones del organismo.

• Entre sus efectos principales (y que nos interesan para el propósito de este ejercicio) podemos destacar que:

• Lubrica las articulaciones y mejora la resistencia de los ligamentos.

• Favorece la eliminación de desechos y «arenillas» por el riñón dificultando la formación de cálculos o piedras en este.

• Incrementa la elasticidad de la piel dificultando la aparición de arrugas y signos del envejecimiento.

• Hidrata las secreciones del aparato respiratorio favoreciendo y facilitando su eliminación.

• Arrastra y limpia la concentración de toxinas en el colon y también en la vejiga, facilitando su eliminación al exterior.

• Una menor cantidad de líquido dentro del cerebro se ha postulado como una posible causa de dolor de cabeza, por lo que mantener un encéfalo bien hidratado mejoraría las funciones cerebrales, cómo puede ser la atención, y disminuirían la frecuencia de las cefaleas.

EJERCICIO DE MINDFUL-NOURISHING

La primera parte de esta dinámica se ha de llevar a cabo en el instante en el que se produce la ingesta y la deglución del agua. Podríamos englobar este acto inicial dentro, todavía, del esquema del Mindful-Eating, puesto que todavía nos concentraremos en las características reales que percibimos.

A partir de aquí iniciamos el proceso de Mindful-Nourishing:

Deja transcurrir por lo menos media hora desde que has bebido el agua. Comienza realizando los preliminares de cualquier técnica de Mindfulness: concentración, respiración, relajación de la mente.

Dirige tu interés pleno hacia la parte del cuerpo que desees de las que antes te he enumerado que disfrutaban de un proceso beneficioso gracias al agua. Aprovecha para centrarte en alguna zona que te genere algún problema de salud; imagínate que eliges una articulación, por ejemplo, tu rodilla derecha.

Cerrando los ojos dirige toda tu atención hacia ella y siéntela. Y ahora intenta notar como ese agua que has bebido 30 minutos antes comienza a fluir por la rodilla consiguiendo hidratarla. Percibe cómo el espacio que separa los huesos de tu pierna, el fémur por arriba y la tibia por abajo, se incrementa ligeramente, disminuyendo el rozamiento que antes se producía entre ellos. Esta situación está aliviando la presión de esa zona anatómica de tu cuerpo y consiguiendo que tenga una mayor flexibilidad y movilidad.

Mantén esta reflexión durante al menos dos o tres minutos, intentando que ninguna otra idea parásita la desplace de tu mente.

Procura realizar este ejercicio cuatro o cinco veces al día, preferentemente un tiempo después de haber ingerido un vaso de agua.

Puedes cambiar el objeto de tu atención a diferentes partes de tu anatomía, según sea tu interés, a lo largo de una misma jornada.

Para el ejercicio de mañana ten preparado un refresco de cola.

Fecha de comiendo de la semana:

Peso de comienzo:

META SEMANAL
.... Kg

PLAN DE ACCIÓN   4 minutos
(Lo que voy a hacer para conseguir mi meta semanal)

....
....
....
....

DIETA

....
....
....

EJERCICIO   6 minutos

....
....
....

PLAN PSICOLÓGICO
O HÁBITOS PARA ROMPER

....
....
....

LA LISTA DE LA COMPRA

Planifica a continuación todo lo que vas a necesitar esta semana
para poder realizar correctamente tu dieta sin que te falte nada,
y hazte una lista de la compra.

....
....
....
....
....

Lo voy a comprar el día:

TU RECOMPENSA SEMANAL

Elige, y escríbela en el recuadro de abajo, una recompensa que obligatoriamente te vas a permitir o gratificar u otorgar si consigues, el próximo viernes, alcanzar <u>EXACTAMENTE O POR DEBAJO</u> el peso que te has marcado hoy como meta intermedia para esta semana; <u>O SI NO HAS TENIDO NINGUNA MARCA AMARILLA</u> durante la semana que comienza.

....

....

....

....

....

Busca y pega aquí una foto
o imagen que te recuerde
visualmente tu recompensa
elegida y te haga desearla
con mayor ahínco.

«Si eres fiel en cosas pequeñas, serás fiel en cosas grandes» Eunice Daza

SEMANA D - Día 1 (viernes)

DESAYUNO
DEBO
2 minutos

DESAYUNO
HE HECHO
2 minutos

1/2 MAÑANA
DEBO

1/2 MAÑANA
HE HECHO

COMIDA
DEBO

COMIDA
HE HECHO

1/2 TARDE
DEBO

1/2 TARDE
HE HECHO

CENA
DEBO

CENA
HE HECHO

HOY HE HECHO ESTA CANTIDAD DE EJERCICIO

2 minutos

....
....
....
....

LO QUE ME FALTA PARA COMPLETAR MI META SEMANAL

LLEVO EN TOTAL

....
....
....
....

ME FALTA AÚN

....
....
....
....

TU MOMENTO MÁS POSITIVO DEL DÍA

4 minutos

....
....
....

TUS MINI-METAS DEL DÍA

2 minutos

....
....
....

MARCA AHORA TUS TAREAS DEL DÍA

- 🍎 LISTA DE COMIDAS ☐ 🍎
- 🏃 EJERCICIO ☐ 🏃
- ☺ MOMENTO POSITIVO ☐ ☺
- ✅ MINI-META ☐ ✅
- 👁 INFORMAR ☐ 👁
- **i** EJERCICIO DE MINDFULNESS ☐ **i**
- ⚙ EJERCICIO DE MINDFUL-EATING ☐ ⚙
- ☷ LEER LISTA DE LOS MOTIVOS ☐ ☷

La primera de arena

Según una investigación llevada a cabo por la profesora Katherine Tucker, de la universidad de Tufts (Boston), el consumo de bebidas refrescantes de cola puede ser la causa de que aumente la osteoporosis en las mujeres.

Otro testimonio es el que brinda el Dr. Alfredo Rigalli, presidente de la Asociación Argentina de Osteología y Metabolismo Mineral, que puntualiza que «la sospecha de que las bebidas con ácido fosfórico pueden afectar al hueso, es una sospecha con fundamento».

La nutrición no estudia solamente los efectos beneficiosos que en el organismo provocan las sustancias que ingerimos, también es cometido de esta ciencia investigar los desajustes que en nuestro metabolismo pueden causar determinados compuestos que se hallan en los alimentos.

Es concretamente esta última vertiente de la nutriología la que nos va a servir de coartada para ser conscientes del aspecto negativo de algunos «alimentos» que introducimos descuidadamente y a veces con demasiada alegría en nuestro cuerpo.

Te señalé ayer que tuvieses preparado para hoy un refresco de cola. Las bebidas gasificadas de cola adicionan en su composición una dosis de ácido fosfórico que, según hemos señalado unos párrafos más arriba, podría ser la causa de una alteración en el metabolismo del calcio en los huesos; dicho en otras palabras, podría contribuir a que nuestro sistema óseo se fuese convirtiendo cada vez que bebemos una de estas preparaciones en más y más frágil.

DÍA 2
UN REFRESCO DE COLA

Aun a riesgo de parecer un poco, o bastante, pesado vuelvo aquí a reiterarte que antes de comenzar con nuestras técnicas de Mindful-Nourishing, es preciso haber transitado y dejado atrás los primeros pasos tanto de Mindfulness como de Mindful-Eating.

Superado lo antedicho ya estamos en la predisposición adecuada para comenzar este segundo ejercicio de nutrición consciente.

En esta ocasión vamos a centrarnos exclusivamente en el anteriormente mentado ácido fosfórico.

Mientras estás bebiendo tu refresco, sé consciente de cómo va descendiendo por tu tubo digestivo, cómo se asienta en tu estómago y de ahí se incorpora al intestino delgado, donde se va absorbiendo poco a poco, para pasar al torrente sanguíneo. Circulando por este se difunde por todo tu organismo, incluido el aparato osteoarticular, o, lo que es lo mismo, por tus huesos y tus articulaciones.

Concéntrate ahora en un hueso o en una articulación de tu elección, la que sea, la que tú prefieras, aquella en la que te sea más fácil reposar tu atención plena en este instante.

Nota cómo el ácido fosfórico va actuando y está comenzando a movilizar el calcio en esa zona ósea concreta, consiguiendo que se vuelva más débil, menos densa, más frágil.

Mantén tu interés exclusivo en esa parte de tu anatomía durante por lo menos dos minutos, procurando apartar de tu mente todos los pensamientos externos que quieran desplazar esa representación que estás evocando.

Lo adecuado es que repitas este ejercicio cuatro o cinco veces en este día.

Para la dinámica de mañana ten preparado un yogur o un vaso de kéfir.

«Un reto es un juego.
Jugar es divertido»

SEMANA D - Día 2 (sábado)

DESAYUNO
DEBO · 2 minutos

DESAYUNO
HE HECHO · 2 minutos

1/2 MAÑANA
DEBO

1/2 MAÑANA
HE HECHO

COMIDA
DEBO

COMIDA
HE HECHO

1/2 TARDE
DEBO

1/2 TARDE
HE HECHO

CENA
DEBO

CENA
HE HECHO

HOY HE HECHO ESTA CANTIDAD DE EJERCICIO

2 minutos

....
....
....
....

LO QUE ME FALTA PARA COMPLETAR MI META SEMANAL

LLEVO EN TOTAL

....
....
....
....

ME FALTA AÚN

....
....
....

TU MOMENTO MÁS POSITIVO DEL DÍA

4 minutos

....
....
....

TUS MINI-METAS DEL DÍA

2 minutos

....
....
....
....

MARCA AHORA TUS TAREAS DEL DÍA

🍎 LISTA DE COMIDAS ☐ 🍎
🏃 EJERCICIO ☐ 🏃
☺ MOMENTO POSITIVO ☐ ☺
☑ MINI-META ☐ ☑
👁 INFORMAR ☐ 👁
ℹ EJERCICIO DE MINDFULNESS ☐ ℹ
⚙ EJERCICIO DE MINDFUL-EATING ☐ ⚙

Otra de cal

La nutrición no solamente consiste en comer productos o sustancias que van a transformarse químicamente en nuestro organismo para generar energía o para formar parte estructural de nuestro cuerpo.

Tradicionalmente, esta ciencia estudiaba tan solo estos dos aspectos, pero últimamente está cobrando especial importancia una variante de la nutrición que se ha demostrado que puede variar cualidades de nuestro estado de salud.

Me refiero a los probióticos. Cuando yo era un niño, recuerdo que mi pediatra, el doctor Eduardo Ciria Latre, cada vez que me recetaba antibióticos para algún proceso infeccioso, le instaba a mi madre a que comprase en la farmacia unas bacterias buenas para repoblar a las que teníamos en el intestino (y que a mí me explicaban que eran como unos bichitos buenos que vivían con nosotros fabricando cosas necesarias y defendiéndonos de los bichitos malos de afuera) y que con la terapia medicamentosa que me estaba administrando iban a desaparecer en gran medida.

Cuando ya, años más tarde, estudiaba mi carrera de Medicina, algún profesor volvió a hacer referencia a esos bichitos buenos que era necesario repoblar tras cualquier terapéutica antibiótica. Pero lo comentaba, como de pasada, sin darle demasiada importancia; lo fundamental era aplicar la terapéutica curativa adecuada a la enfermedad que íbamos a tratar. Lo de los bichitos para prevenir era más secundario.

Hoy en día las cosas están cambiando y, en recientes investigaciones, se está poniendo de manifiesto la vital importancia para la prevención, e incluso la curación de muchas patologías, que tienen esos «actores de reparto» de nuestra salud: la microbiota intestinal.

Realmente el mundo de la microbiota intestinal es fascinante para todos aquellos que estudiamos Medicina y Nutrición. Cada día aparecen nuevos descubrimientos sobre la importancia que estas bacterias tienen el mantenimiento de unos estándares de salud óptimos.

Me podría pasar horas enteras escribiendo sobre ellos, pero desgraciadamente el espacio y la función de este libro son limitados; pero sí que me voy a permitir introducirte una pequeña enumeración de los principales beneficios que nos aporta el hecho de tener una flora bacteriana equilibrada.

• Intervienen en mayor o menor grado en la producción de sustancias vitales para nuestro organismo como algunos ácidos grasos y vitaminas, y favorecen la absorción de algunos minerales.

• Forman una línea defensiva que impide la agresión y colonización de multitud de organismos patógenos (los bichitos malos a los que antes aludía) creando un efecto barrera fundamental para nuestro sistema inmunológico.

• Diversos estudios que se están llevando a cabo actualmente están hallando relaciones significativas entre muchas patologías y lo que llamamos disbacteriosis intestinales, o lo que traducido a un lenguaje comprensible significa que el número y la diversidad de los microorganismos que habitan nuestro intestino no es el adecuado. Entre ellas podríamos destacar las enfermedades inflamatorias del intestino, la diabetes, la obesidad, el síndrome de fatiga crónica…

• Uno de los que a mí más me interesan, y que es el que voy a utilizar para el ejercicio de Mindful-Nourishing de hoy, es el que ha demostrado en ratones que una gran parte de la fabricación de la serotonina tiene lugar en esa microbiota intestinal. Vale, de acuerdo, pero ¿por qué es importante la serotonina? La serotonina es un neurotransmisor —una sustancia química que actúa en nuestro sistema nervioso— cuyo déficit está relacionado con la depresión, la falta de sueño y el aumento del apetito. Por todo ello disfrutar de unos niveles óptimos de este neurotransmisor es de vital importancia para llevar una vida plena y feliz.

DÍA 3
UN YOGUR O UN KÉFIR

Tras haber superado las fases previas de Mindfulness y del Mindful-Eating para colocar nuestra mente en una disposición acertada, encaminada a obtener el máximo rendimiento de esta nueva técnica que vamos a proceder a realizar, nos disponemos a iniciarla.

Ingiere una cucharada de yogur o un sorbo de kéfir y concentra tu atención en el camino que va siguiendo hasta llegar a tu intestino. Ambos son alimentos ricos en flora probiótica.

Una vez que el alimento ha encontrado su lugar natural de actuación, siente cómo va difundiéndose por toda la extensión intestinal.

Intenta concentrarte en las bacterias beneficiosas que comienzan a multiplicarse y a desalojar de los lugares que antes ocupaban a los microorganismos extraños e intrusos, que eran los que estaban provocando alteraciones en tu vientre.

Nota cómo van mejorando los síntomas desagradables que generaban los antiguos inquilinos; los gases, si los hubiese, van menguando; la acidez, la pesadez, paulatinamente, se convierten en liviandad.

Conecta con esta sensación tres o cuatro veces al día, después de haber ingerido yogur o el kéfir, y comprueba cómo tu masa bacteriana beneficiosa va creciendo más y más en cada una de las conexiones que realizas.

Esta superpoblación provechosa ha incrementado tus niveles de serotonina, que ya ha empezado a circular y a impregnar tu sistema nervioso. Como consecuencia de ello has ido notando a lo largo de tu jornada que, inexplicablemente, te encuentras más optimista, con mayor capacidad de afrontar tus retos y con un menor cansancio intelectual.

Para la dinámica de mañana ten preparadas algunas chucherías.

«Es bueno, de vez en cuando, mirar el camino que ya hemos recorrido, para convencernos de que sí podemos terminar lo que nos falta por recorrer»

SEMANA D - Día 3 (domingo)

DESAYUNO
DEBO   2 minutos

DESAYUNO
HE HECHO   2 minutos

1/2 MAÑANA
DEBO

1/2 MAÑANA
HE HECHO

COMIDA
DEBO

COMIDA
HE HECHO

1/2 TARDE
DEBO

1/2 TARDE
HE HECHO

CENA
DEBO

CENA
HE HECHO

HOY HE HECHO ESTA CANTIDAD DE EJERCICIO

2 minutos

....
....
....
....

LO QUE ME FALTA PARA COMPLETAR MI META SEMANAL

LLEVO EN TOTAL   **ME FALTA AÚN**

....
....
....
....

TU MOMENTO MÁS POSITIVO DEL DÍA

4 minutos

....
....
....
....

TUS MINI-METAS DEL DÍA

2 minutos

....
....
....

MARCA AHORA TUS TAREAS DEL DÍA

- 🍎 **LISTA DE COMIDAS** ☐ 🍎
- 🏃 **EJERCICIO** ☐ 🏃
- ☺ **MOMENTO POSITIVO** ☐ ☺
- ☑ **MINI-META** ☐ ☑
- 👁 **INFORMAR** ☐ 👁
- **i** **EJERCICIO DE MINDFULNESS** ☐ **i**
- ✾ **EJERCICIO DE MINDFUL-EATING** ☐ ✾

Ahora toca la de arena

Y ahora viene el debate eterno, el azúcar. ¿Es bueno o es malo para el organismo?, ¿el cerebro necesita azúcar para funcionar? Respuesta: el cerebro no necesita azúcar para funcionar: en líneas generales, ninguna célula del organismo necesita azúcar para funcionar, lo que necesitan las células es glucosa, que es una molécula más pequeña de lo que entendemos por azúcar.

El problema viene de cuál es la fuente de la que obtenemos esa glucosa y, sobre todo, qué otras moléculas acompañan a la necesaria glucosa y en qué proporción lo hacen; pues ello condiciona que un determinado compuesto sea más o menos dañino para nuestra salud.

En los Estados Unidos, desde hace algún tiempo se usa, para endulzar una enorme cantidad de alimentos procesados, una sustancia que es un jarabe de glucosa que se obtiene del maíz y que denominan jarabe de azúcar de alta fructosa, y es precisamente esa concentración superior de la fructosa con relación a la molécula de glucosa, la que se está postulando como una de las principales causas de obesidad y generadora de enfermedades en la población americana. Es un componente más barato de obtener y con una mayor capacidad endulzante, y es por ello por lo que se prima su uso en la industria alimentaria.

En Europa los jarabes de glucosa se derivan generalmente del trigo o de la patata, pero los consumidores no podemos estar seguros de su auténtica procedencia ya que, en los etiquetados de los productos procesados, sobre todo en los dulces y chucherías, lo único que es obligatorio indicar es «jarabe de glucosa». En cualquier caso, el exceso de azúcares procesados no reporta ningún beneficio para nuestro organismo, salvo en el caso de una crisis de hipoglucemia.

Si nos sumergirnos en internet y buscamos las posibles consecuencias de una ingesta desordenada de azúcares, encontraremos múltiples entradas que nos advierten y nos describen qué podremos generar en nuestro organismo al cabo de un tiempo de su consumo.

Voy a enumerar algunas de ellas, que están respaldadas con estudios científicos serios:

• Puede incrementar la grasa visceral y disminuir la sensibilidad a la insulina en los obesos. O lo que es lo mismo, favorece la obesidad.

• Debilita nuestro sistema inmunológico y deteriora nuestras defensas contra las enfermedades infecciosas.

• Altera la reabsorción renal de calcio y magnesio, con lo que contribuye a que estos minerales se pierdan por la orina en mayor cantidad de lo normal.

• En los niños puede provocar un incremento de la hiperactividad, de la ansiedad y de la dificultad de concentración.

• La ingesta desmedida de azúcar es una de las posibles causas del aumento del colesterol total, de los triglicéridos y de la disminución del colesterol HDL (vulgarmente conocido como colesterol bueno).

• Un consumo excesivo de azúcar se habría también postulado como una de las causas del incremento del riesgo en ciertos tipos de cáncer como son el de mama, el de ovario, el de próstata, el de recto y el de páncreas.

• Los azúcares refinados son uno de los enemigos más agresivos contra la microbiota intestinal beneficiosa.

• Haber incorporado en nuestra dieta cantidades inadecuadas de azúcar durante nuestra vida puede ser una de las causas de un envejecimiento prematuro.

Y como estos ejemplos, hay muchos otros que nos van a servir para introducirnos de lleno en el siguiente ejercicio de Mindful-Nourishing.

DÍA 4
UNA CHUCHE CON JARABE DE GLUCOSA

A estas alturas del libro, seguro que ya tenemos muy claro que llegado este momento en el que nos encontramos, lo primero que tenemos que hacer es realizar las fases previas del Mindfulness y del Mindful-Eating, y que una vez que las hayamos completado podemos sumergirnos plenamente en el ejercicio de Mindful- Nourishing.

Nos centramos en la chuchería que va descendiendo por nuestro estómago al mismo tiempo que se va descomponiendo en sus sustancias integrantes. Nosotros nos fijamos ahora exclusivamente en el jarabe de glucosa, que muy poco tiempo después de llegar al tubo digestivo atraviesa su membrana y penetra en el torrente sanguíneo.

Circulando por él vamos a percibir cómo se va dirigiendo a la zona del cuerpo donde nosotros hemos elegido que vamos a canalizar nuestra atención, para apreciar los efectos que produce en ella.

En este caso, yo he elegido el tejido graso. Si tú, lector, eres un caballero, repara en tu zona abdominal; si por el contrario eres una dama, lo normal es que tu acúmulo de tejido adiposo se localice sobre todo en la zona de los muslos y de los glúteos; en cualquier caso, cada persona es un mundo y no hay nadie mejor que uno mismo para saber dónde tiene que colocar su mente.

Bien, la fructosa ha penetrado ya en esa área corporal y está comenzando a transformarse en moléculas de grasa que se van sibilinamente depositando en finas capas. Puedes incluso advertir que tus ropas van disminuyendo de tamaño. Eso, o que tu piel se va expandiendo.

Para la dinámica de mañana ten preparada una manzana.

*«Ser conscientes de lo que nos ocurre,
nos ayuda a decidir lo que nos ocurrirá»*

SEMANA D - Día 4 (lunes)

DESAYUNO
DEBO
2 minutos

DESAYUNO
HE HECHO
2 minutos

1/2 MAÑANA
DEBO

1/2 MAÑANA
HE HECHO

COMIDA
DEBO

COMIDA
HE HECHO

1/2 TARDE
DEBO

1/2 TARDE
HE HECHO

CENA
DEBO

CENA
HE HECHO

HOY HE HECHO ESTA CANTIDAD DE EJERCICIO

2 minutos

....

....

....

....

LO QUE ME FALTA PARA COMPLETAR MI META SEMANAL

LLEVO EN TOTAL	ME FALTA AÚN

TU MOMENTO MÁS POSITIVO DEL DÍA

4 minutos

....

....

....

TUS MINI-METAS DEL DÍA

2 minutos

....

....

....

....

MARCA AHORA TUS TAREAS DEL DÍA

- 🍎 LISTA DE COMIDAS ☐ 🍎
- 🏃 EJERCICIO ☐ 🏃
- ☺ MOMENTO POSITIVO ☐ ☺
- ☑ MINI-META ☐ ☑
- 👁 INFORMAR ☐ 👁
- **i** EJERCICIO DE MINDFULNESS ☐ **i**
- ⚙ EJERCICIO DE MINDFUL-EATING ☐ ⚙

EJERCICIOS DE MINDFUL-NOURISHING
Volvemos a la cal

Si hace dos días hablamos de los probióticos, hoy le toca el turno a los prebióticos, que suena casi igual y que es un perfecto complemento y compañero de viaje para nuestros «bichitos» amigos.

Las bacterias saprofitas intestinales, que son las que nosotros deberíamos potenciar con nuestros hábitos de vida y de alimentación, son microorganismos vivos que necesitan nutrirse para poder vivir y reproducirse. Con los alimentos que nosotros ingerimos estamos indirectamente determinando qué tipo de colonias microbianas queremos potenciar en nuestro cuerpo. Uno de los nutrientes que más favorece el desarrollo de una flora intestinal saludable es la fibra vegetal, ya que además de servir de sustento a los microorganismos favorables, contribuye también a impedir y dificultar el desarrollo de gérmenes patógenos.

Por ello, vamos a hablar de la manzana. Esta fruta tiene una composición nutricional excelente ya que aporta, además de una gran cantidad de agua, algunas vitaminas y minerales; pero lo que más nos va a interesar a nosotros en este instante es que es uno de los frutos habituales con más alto contenido en fibra.

Esa fibra vegetal es un tesoro para nuestra salud, y entre sus principales cualidades podemos destacar que mejora el tránsito intestinal, contribuyendo a incrementar el volumen de las heces y favoreciendo su eliminación, lo que generalmente conlleva una mejoría del estreñimiento. Además, reduce la absorción del colesterol y ralentiza la de la glucosa, ayudando a prevenir la obesidad.

Pero lo que más nos interesa en este caso es que esa fibra va a promover el crecimiento y desarrollo de muchas, muchas bacterias beneficiosas.

DÍA 5
UNA MANZANA

Ya nos encontramos de nuevo en posición. Hemos completado la secuencia de pasos previos del Mindfulness y Mindful-Eating para, una vez llegados a este punto, iniciar el ejercicio de Mindful- Nourishing que hoy nos corresponde.

Una vez que ya has masticado y deglutido tu manzana, siente cómo va atravesando todas las partes de tu tubo digestivo hasta llegar al intestino y al colón.

Una vez allí, céntrate de momento tan solo en uno de sus componentes, la fibra vegetal. Si la has comido sin pelar, el contenido de este nutriente será más alto y beneficioso; pero si no ha sido así, no te preocupes, porque la pulpa también dispone de una gran cantidad de ellos.

Nota cómo esa fibra empieza a ser «invadida» por los pequeños microorganismos benéficos que pueblan tu intestino. Pon una atención plena en percibir cómo el proceso de digestión que lleva a cabo va consiguiendo que estos se vayan reproduciendo y vayan extendiéndose por áreas más amplias de la última parte de tu tubo digestivo. Como consecuencia de todo ello vas siendo consciente de que los síntomas incómodos que hasta ahora podrías padecer van paulatinamente disminuyendo.

Procura repetir la ingesta de una manzana dos o tres veces al día y céntrate en este ejercicio durante las siguientes horas en distintas partes de tu tubo digestivo. Alrededor de una hora después de haberla comido, posa tu atención en tu estómago, pues es ahí donde se encuentra la fibra en su largo camino a través de tu cuerpo. A las cuatro o cinco horas, localiza tu mente en tu intestino delgado; y finalmente, dirige tu meditación hacia la última parte de tu tubo digestivo, el colon, diez o doce horas después y durante todo el día siguiente, pues es en ese lapso cuando tus bacterias están disfrutando del festín con que las has obsequiado.

Para la dinámica de mañana agénciate alguna pieza de bollería industrial.

«Lo que hagas en el presente es lo que empieza a construir el futuro»

SEMANA D - Día 5 (martes)

DESAYUNO
DEBO
2 minutos

DESAYUNO
HE HECHO
2 minutos

1/2 MAÑANA
DEBO

1/2 MAÑANA
HE HECHO

COMIDA
DEBO

COMIDA
HE HECHO

1/2 TARDE
DEBO

1/2 TARDE
HE HECHO

CENA
DEBO

CENA
HE HECHO

HOY HE HECHO ESTA CANTIDAD DE EJERCICIO

2 minutos

....
....
....

LO QUE ME FALTA PARA COMPLETAR MI META SEMANAL

LLEVO EN TOTAL	ME FALTA AÚN
....	....
....	....
....	....

TU MOMENTO MÁS POSITIVO DEL DÍA

4 minutos

....
....
....

TUS MINI-METAS DEL DÍA

2 minutos

....
....
....

MARCA AHORA TUS TAREAS DEL DÍA

- 🍎 LISTA DE COMIDAS ☐ 🍎
- 🏃 EJERCICIO ☐ 🏃
- ☺ MOMENTO POSITIVO ☐ ☺
- ☑ MINI-META ☐ ☑
- 👁 INFORMAR ☐ 👁
- i EJERCICIO DE MINDFULNESS ☐ i
- ⚙ EJERCICIO DE MINDFUL-EATING ☐ ⚙

La última de arena

Hemos elegido para esta, nuestra penúltima dinámica, la última de alimentos «arena», una pieza de lo que *de facto* los consumidores conocemos como bollería industrial, que son esos pastelitos que vienen generalmente rodeados de un pequeño envoltorio de celofán y que mantienen durante días sus características de aspecto y de sabor sin alterarse.

Para conseguir que perduren estas propiedades en el tiempo, la mayoría de ellos incorporan una molécula nutricional específica denominada grasa «trans», un ácido graso, presente en todos los lípidos naturales, al que se le ha realizado una pequeña variación en su composición química, añadiéndole hidrógeno (de ahí viene el nombre de grasa hidrogenada o parcialmente hidrogenada). De esta forma se logra que los aceites líquidos se conviertan en sólidos, aumentando su sabor, mejorando su textura y prolongando su duración.

Todo ello está muy bien, salvo que esta pequeña modificación en su estructura química lleva aparejado consigo de propina un incremento del riesgo para nuestra salud.

¿Y en qué se traduce un exceso de su consumo? Las grasas trans aumentan el nivel de colesterol malo (LDL) y disminuyen el del colesterol bueno (HDL). También son una de las causas reconocidas que favorecen el desarrollo de la obesidad y la aparición de la diabetes tipo 2. A resultas de todo ello, una de las patologías más peligrosas que indirectamente causan a largo plazo, a través de los depósitos del colesterol LDL en las paredes de las arterias, es la obstrucción de vasos sanguíneos y la aparición de infartos.

DÍA 6
UN «PASTELITO INDUSTRIAL»

Como te acabo de explicar, dentro de la mayoría de estos productos de consumo preparados y apetitosos se suelen encontrar bastantes moléculas de ácidos grasos trans. A veces, en su etiquetado podemos leer «grasas o aceites vegetales parcialmente hidrogenados»; estas son el objeto de nuestra preocupación.

Ya estamos en posición después de haber completado la preparación con las técnicas de Mindfulness y Mindful-Eating, y nos disponemos a centrar nuestra atención en esas cuantas moléculas de ácidos grasos modificados que acabamos de incorporar a nuestro organismo para averiguar y sentir qué es lo que van a provocar en él.

Después de tragarlas, aproximadamente tres o cuatro horas más tarde, han comenzado a pasar a nuestro torrente circulatorio para posteriormente llegar al hígado que las procesa.

Vamos a notar cómo esas moléculas perjudiciales van navegando por nuestra sangre y debido a su excesiva viscosidad, se van depositando en las paredes de nuestras arterias. Pon tu atención, por ejemplo, en la arteria de tu brazo derecho y concéntrate para percibir cómo, lentamente, pero sin pausa, esos indeseables compuestos van ocluyendo gradualmente tu vaso sanguíneo.

Percibe cómo tu sangre va rebotando contra ese pequeño tapón que se está formando, enlenteciendo su paso por esa zona de tu extremidad. Este hecho se traduce en síntomas apenas perceptibles, de momento, pero como nosotros, a través del Mindful-Nourishing estamos entrenados para captarlos y dedicarles una atención plena, comenzamos a ser conscientes del daño que nos produce la ingesta de estas grasas indeseables.

Y para el último ejercicio de la semana, el de mañana, prepara un ajo negro, sí, has oído bien, ajo negro (ojo, no ajo normal).

«Empápate y disfruta de todo lo que te rodea en este momento, porque dentro de una hora ya no estará»

SEMANA D - Día 6 (miércoles)

DESAYUNO
DEBO   2 minutos

DESAYUNO
HE HECHO   2 minutos

1/2 MAÑANA
DEBO

1/2 MAÑANA
HE HECHO

COMIDA
DEBO

COMIDA
HE HECHO

1/2 TARDE
DEBO

1/2 TARDE
HE HECHO

CENA
DEBO

CENA
HE HECHO

HOY HE HECHO ESTA CANTIDAD DE EJERCICIO

2 minutos

....
....
....
....

LO QUE ME FALTA PARA COMPLETAR MI META SEMANAL

LLEVO EN TOTAL	ME FALTA AÚN
....	....
....	....
....	....
....	....

TU MOMENTO MÁS POSITIVO DEL DÍA

4 minutos

....
....
....
....

TUS MINI-METAS DEL DÍA

2 minutos

....
....
....

MARCA AHORA TUS TAREAS DEL DÍA

- 🍎 LISTA DE COMIDAS ☐ 🍎
- 🏃 EJERCICIO ☐ 🏃
- ☺ MOMENTO POSITIVO ☐ ☺
- ✅ MINI-META ☐ ✅
- 👁 INFORMAR ☐ 👁
- i EJERCICIO DE MINDFULNESS ☐ i
- ⚙ EJERCICIO DE MINDFUL-EATING ☐ ⚙

EJERCICIOS DE MINDFUL-NOURISHING
Y ahora... una de oro

Hasta hace pocos años, cuando se estudiaba nutrición, definíamos al alimento como aquella sustancia que, incorporada al organismo humano a través del aparato digestivo, servía para aportar a este la energía necesaria para su funcionamiento o para dotarlo de los principios activos necesarios para su desarrollo y recambio estructural. En otras palabras, los alimentos nos daban energía y «ladrillos» para que nuestro cuerpo pudiera crecer o regenerar los tejidos que se iban deteriorando como la piel, la sangre...

Pero desde un tiempo a esta parte ha irrumpido dentro de la ciencia de la nutriología un concepto y una función nueva para la comida que no es otra que la de intervenir directamente en la consecución de un nivel de salud óptimo o, en sentido contrario, ser determinante en la generación de determinados estados patológicos. Parece mentira que esta nueva teoría, que se está abriendo paso con gran fuerza, ya nos fuera postulada hace más de 2.500 años por el gran médico de la antigüedad Hipócrates de Cos, que con su aforismo «que tu alimento sea tu medicina y que tu medicina sea tu alimento», nos estaba indicando la importancia de la comida para influir en nuestra calidad de vida. Pero durante muchos años lo habíamos olvidado y gracias a Dios poco a poco lo estamos recuperando. Es lo que hoy en día hemos dado en llamar los «superalimentos», que son manjares que, además de sus propiedades nutricionales desde el punto de vista de aportar energía o dotar de estructura, atesoran en su composición sustancias capaces de favorecer nuestra vitalidad y fortaleza frente a enfermedades.

Existen muchos superalimentos y cada día se van descubriendo más. No es que aparezcan nuevos alimentos, sino que vamos siendo conscientes de las propiedades curativas que guardaban en su interior y que conforme la investigación se va desarrollando van aflorando al conocimiento.

DÍA 7
UN DIENTE DE AJO NEGRO

Uno de los productos que desde el tiempo de mis abuelas o incluso antes se conocía que tenía propiedades beneficiosas para la salud es el ajo. Se sabía que tomar el bulbo de esta raíz podría ser un arma contra la inflamación, las infecciones tanto víricas como bacterianas y que, además, era un tónico para nuestro sistema cardiovascular.

El problema que generaba no era otro que el que la vida social de aquella persona que masticaba e ingería ajo, quedaba comprometida durante todo un día, ya que nadie era capaz de acercarse para entablar una conversación con ella.

Pero actualmente, con la llegada del ajo negro, la situación es diametralmente diferente. Este nuevo producto, resultante de la producción de la reacción de Maillard (una especie de caramelización) que desarrolla da en determinadas condiciones sobre esos «olorosos dientes», logra hacer desaparecer este desagradable inconveniente convirtiéndolo en un alimento con un sabor entre dulce y agrio. Pero lo mejor que acontece con en este proceso, es que el ajo incrementa su contenido en antioxidantes en prácticamente el doble de cantidad que su variante fresca.

De entre los múltiples beneficios que posee el ajo, para este ejercicio vamos a quedarnos con solo uno de ellos y ese es el de su potencial anticanceroso. Según el National Cancer Institute (www.cancer.org) los principales mecanismos por los que esta raíz podría ser beneficiosa para combatir el cáncer son los siguientes: «Los efectos protectores del ajo pueden surgir de sus propiedades antibacterianas o de su capacidad para bloquear la formación de sustancias cancerígenas, detener la activación de sustancias cancerígenas, mejorar la reparación del ADN, reducir la proliferación celular o inducir la muerte celular».

Por ello, para el adiestramiento final de esta primera semana en la que has conocido, tomado contacto y practicado las técnicas del Mindful-Nourishing, qué mejor elección que un superalimento que te va a ayudar a prevenir uno de los terrores de nuestro tiempo: el cáncer.

EJERCICIO DE MINDFUL-NOURISHING

El origen del cáncer se localiza en el ADN de una célula que comienza a sufrir una mutación causada por el concurso de circunstancias, o bien internas, genéticas propias —las menos veces— o bien externas —los factores ambientales—, que son los que actúan en la mayor parte de las ocasiones.

Como ya te he señalado en la página anterior, uno de los mecanismos por los que el ajo puede ser beneficioso en la lucha contra el cáncer, es el de que ayuda a reparar el ADN de tus células. Por ello, en el ejercicio de hoy, vamos a concentrar la atención plena en cómo una molécula contenida en la composición de ese ajo negro, que vas a comer, actúa sobre ese ADN.

El mejor momento del día para ingerir tu ajo negro es por la mañana en ayunas ya que, además de su potencial anticancerígeno, posee un acusado efecto energizante.

Tras haber superado las etapas previas de preparación a través del Mindfulness y del Mindful-Eating, concéntrate en cómo ese ajo negro que has ingerido llega a tu intestino y se va desintegrando en sus principales componentes. Atiende a uno concreto de ellos, que atraviesa tu membrana intestinal y pasa a la sangre, desde donde es transportado hasta las células de tu pulmón.

Ahora mismo tienes concentrada tu atención plena en tu pulmón y estás notando cómo esa sustancia beneficiosa, aportada por el ajo negro, se va difundiendo por todas las células de ese órgano. Eres consciente de cómo, una vez que se ha incorporado al contenido celular, comienza su misión de ir «arreglando» los desperfectos que los factores externos, como pueden ser el tabaco, la polución, la mala alimentación... han causado en tu ADN.

Durante dos minutos permaneces plenamente atento y mantienes la observación total en esas partes de tu organismo, evitando que ideas e imágenes parásitas entren en tu mente.

Conviene que realices este ejercicio por lo menos tres o cuatro veces al día.

> *«Los victimistas siempre se quejan de lo*
> *que les ha ocurrido y de lo que les puede ocurrir.*
> *¡Qué pérdida de energía!»*

SEMANA D - Día 7 (jueves)

DESAYUNO
DEBO 🕐 2 minutos

DESAYUNO
HE HECHO 🕐 2 minutos

1/2 MAÑANA
DEBO

1/2 MAÑANA
HE HECHO

COMIDA
DEBO

COMIDA
HE HECHO

1/2 TARDE
DEBO

1/2 TARDE
HE HECHO

CENA
DEBO

CENA
HE HECHO

HOY HE HECHO ESTA CANTIDAD DE EJERCICIO

2 minutos

....
....
....
....

LO QUE ME FALTA PARA COMPLETAR MI META SEMANAL

LLEVO EN TOTAL	ME FALTA AÚN

....
....
....
....

TU MOMENTO MÁS POSITIVO DEL DÍA

4 minutos

....
....
....
....

TUS MINI-METAS DEL DÍA

2 minutos

....
....
....
....

MARCA AHORA TUS TAREAS DEL DÍA

- 🍎 LISTA DE COMIDAS   ☐ 🍎
- 🏃 EJERCICIO   ☐ 🏃
- ☺ MOMENTO POSITIVO   ☐ ☺
- ☑ MINI-META   ☐ ☑
- 👁 INFORMAR   ☐ 👁
- i EJERCICIO DE MINDFULNESS   ☐ i
- ⚙ EJERCICIO DE MINDFUL-EATING   ☐ ⚙

Comprueba los resultados

Hoy es viernes por la mañana, la semana ha llegado a su fin, es hora de verificar y valorar los resultados obtenidos y compararlos con los objetivos que te propusiste al inicio de esta.

PESO DE INICIO DE ESTA SEMANA

META DESEADA AL FINAL DE LA SEMANA

Apunta a continuación la meta que te marcaste al principio de estos 7 días

....
....
....
....

META OBTENIDA AL FINAL DE LA SEMANA

Ahora escribe el resultado que has tenido

....
....
....

Finalmente describe con un adjetivo, tanto si has llegado a donde te propusiste como si no lo has hecho, cómo te sientes ahora:

....

Después de los ejercicios y de las dinámicas que ya hemos realizado a lo largo de las semanas precedentes, es normal que tu mente haya empezado a cambiar el concepto y los hábitos que tenías adquiridos en tu relación con la comida.

Ahora ya deberías dar menos importancia al hecho de comer como un acto instintivo y ser más consciente de que cuando te enfrentas con el alimento es principalmente para nutrirte; por ello, el que en algún momento no hayas alcanzado el objetivo que te propusiste al comienzo de la semana, no debe preocuparte, porque ya conoces qué recursos emplear para lograrlo más adelante.

El «para qué» y el «cómo» del Mindful-Nourishing

Prácticamente, todos conocemos las propiedades beneficiosas para la salud que tienen algunos alimentos; de la misma forma, también nos han informado que el abusar de determinados productos en la dieta puede causarnos desarreglos en nuestro organismo.

Sabemos, por ejemplo, que el zumo de limón o el de naranja son ricos en vitamina C y que esta es muy útil para combatir los catarros y resfriados.

Igualmente, múltiples medios de comunicación nos han indicado que los ácidos grasos omega-3 que están presentes en las sardinas, el salmón y las nueces, son una ayuda inestimable para prevenir el aumento de nuestro colesterol malo y como consecuencia de ello, constituyen un escudo protector contra al infarto de miocardio y las enfermedades del corazón.

También se han difundido noticias que nos han avisado de que las grasas «trans» presentes en la mayoría de los productos de bollería industrial y en muchos de los alimentos preparados pueden, a largo plazo, desencadenar problemas graves en nuestro organismo.

Todo esto lo conocemos, pero sin embargo no lo tenemos presente. Quizás en alguna ocasión, cuando sufrimos un resfriado, y después de haber tomado los medicamentos adecuados, caemos en la cuenta de que el zumo de naranja podría ayudarnos a mejorar y es entonces cuando nos lo preparamos y nos lo bebemos; y una vez que el último regusto de naranja ha desaparecido de nuestra boca nos olvidamos de él.

De la misma forma, cuando, tras haber realizado un análisis de sangre, nos detectan unos niveles de colesterol preocupantes, hacemos firme propósito de enmendar las causas que han desencadenado esas cifras, y dejamos de comprar y consumir alimentos procesados ricos en lípidos hidrogenados. Y eso lo hacemos por lo menos durante... dos días, hasta que nos hemos olvidado del susto que nos provocó el maldito informe de salud. Después de ello, retornamos a nuestros aberrantes hábitos de alimentación.

Y ¿por qué nos ocurre todo esto? La respuesta es bien sencilla, porque no somos conscientes de cómo nos estamos nutriendo, ni de qué efectos producen los nutrientes en nuestro organismo una vez que han desaparecido de delante de nuestros órganos de los sentidos: la vista, el olfato, el tacto y el gusto.

Con los ejercicios que hemos ido realizando a lo largo de esta semana he querido introducirte en la nueva técnica que he creado y desarrollado, el Mindful-Nourishing o Nutrición Consciente. Supongo que, tras realizar todas y cada una de las dinámicas, has sido capaz de darte cuenta de hasta qué punto es importante conocer cómo se comportan los nutrientes dentro de nuestro organismo.

Realmente, en estas pocas sesiones de entrenamiento que hemos llevado a cabo, tan solo habrás podido percibir una pequeña muestra de lo que el Mindful-Nourishing significa. He querido, más que nada, dártela a conocer y mostrarte el potencial que atesora. Pero para poder desarrollarla al máximo, es preciso dedicarle más tiempo, ojo no más tiempo a la práctica de cada día, sino incrementar el grado de conocimiento que cada persona debería tener sobre los componentes que el alimento que ingiere, contiene, y cómo actúan cada una de sus moléculas en los rincones de su cuerpo.

Una vez enterados de cuáles son las sustancias químicas que ingerimos y seleccionada solo una de ellas cada vez, la Nutrición Consciente dirige la atención plena del practicante hacia el camino y cadena de reacciones metabólicas y fisiológicas que está llevando a cabo.

He comprobado que en todas las personas a las que he enseñado mi técnica, se ha producido un cambio en su relación con la comida.

Han asumido un compromiso más activo consigo mismos y son más exigentes y selectivos a la hora de elegir qué es lo que incorporan a su dieta. Es como si el hecho de entender, a través de la atención plena, cómo condiciona su vida y su futuro la alimentación, hubiera sido determinante en la implementación de estos cambios.

El camino para ser un experto en Mindful-Nourishing es largo y en él intervienen una serie de destrezas adquiridas tanto desde el punto de vista de la nutrición y su fisiología, como de las técnicas mentales del Mindfulness y del Mindful-Eating.

Dentro del primer apartado es preciso estar versado en tres partes fundamentadas relacionadas con la nutrición:

1. Composición nutricional y química de los alimentos.

2. Nutricodinámica de los alimentos, o cuál es el proceso y los tiempos que emplean los diferentes nutrientes que ingerimos en atravesar cada una de las partes del tubo digestivo, en incorporarse al torrente sanguíneo y en alcanzar a los distintos tejidos donde acometen su labor.

3. Mecanismo de acción final del nutriente en el tejido diana al que llega. Esta misión puede ser de índole energética (producción de energía para la célula, estructural (servir de pieza básica en la creación, desarrollo y crecimiento de nuevas estructuras y tejidos, o regenerar las ya existentes) o «Ygeiangenésica» (término que no existe pero que viene de la unión de las palabras griegas *ygeian,* salud, y *genesis,* generar o engendrar). Es curioso hasta qué punto la medicina está más enfocada en curar las enfermedades que ya se han manifestado que en evitar las que se pueden producir; de hecho, sí que existe un vocablo para definir qué causas pueden producir dolencias, que es el de patogénesis, pero no existe ninguno en contraposición que defina qué factores pueden evitarlas.

Esta última parte es crucial para poder elaborar un proyecto adecuado de Mindful-Nourishing, ya que determinar el momento exacto en el que se está produciendo una reacción específica dentro de nuestro organismo, tras haber ingerido el nutriente, es una ayuda inestimable para poder focalizar nuestra atención plena hacia ese área de nuestra anatomía y percibir, a través de nuestra imaginación, los procesos que se están llevando a cabo en nuestro cuerpo.

Conforme más profundicemos en el conocimiento de estas tres partes, más riqueza seremos capaces de aportarnos a nosotros mismos y a los demás en nuestra competencia de decidir cómo queremos que sea nuestra calidad de vida ahora y en el futuro.

Rafael Nadal no agarró un buen día su equipación de tenis, se presentó en París diciendo «aquí estoy yo» y comenzó a ganar torneos del Grand Slam para que, a día de hoy, con seis entorchados se haya convertido en uno de los mejores tenistas de todos los tiempos. No. Supongo que, siendo niño, su tío Toni Nadal le regalaría una raqueta y una pelota de tenis y le animaría a que intentase golpear la segunda con la primera. Durante mucho tiempo los resultados de ese empeño serían probablemente frustrantes. Pero la determinación de conseguirlo le impulsaría poco a poco a avanzar y a obtener pequeños éxitos, que además, estoy seguro, le hicieron comenzar a divertirse con esa nueva práctica.

Lo mismo te va a ocurrir cuando comiences a tomar contacto con las técnicas del Mindful-Nourishing. No pretendas «ser consciente» de todos y cada uno de los nutrientes que ingieras a lo largo del día; tampoco intentes abarcar excesivos conocimientos al principio ya que esto podría saturarte y provocar que abandonases. Recuerda el consejo que te ofrecí al inicio de este libro: «No tengas prisa».

Lo ideal es que te introduzcas en esta técnica de una forma lenta, gradual; empapándote bien de las bases más sencillas para que, una vez dominadas, seas capaz de disfrutarlas y te inciten a ampliar sus enseñanzas.

Comienza con el agua, con un simple pero importante vaso de agua. Con este alimento no tienes que preocuparte por averiguar su composición; tan solo estudia cuales son los efectos fisiológicos que va a producir en cada una de las partes de tu organismo y calcula el tiempo que va a transcurrir desde que la ingieras hasta que llegue a cada uno de esos rincones de tu cuerpo. Dedica por lo menos dos semanas a trabajar el Mindful-Nourishing con tan solo este líquido nutriente, a razón de dos o tres veces por día. Elige en cada entrenamiento un área anatómica concreta, por ejemplo, una articulación, tu pulmón derecho, la piel de tu mano o tu cutis, la humedad en tu lengua... y concéntrate en sentir sus efectos beneficiosos con atención plena. Cuando ya creas que dominas lo esencial de esta doctrina, incorpora nuevos nutrientes, tanto beneficiosos como perjudiciales, ya que también es interesante advertir los daños que algunos compuestos pueden provocarnos.

Con que tan solo fueses consciente de los beneficios que beber agua genera en tu cuerpo y eso te incitase a incrementar su consumo, la técnica del Mindful-Nourishing habría sido buena para ti.

SEMANA E

Séptimo error a evitar

Determina seguir a dieta hasta que no pierdas todos los kilos que te has propuesto

Estar a dieta es un rollo, es un aburrimiento. Todo el mundo se cansa de hacer un régimen. Hay algunos que lo hacen antes y otros que aguantan más tiempo, pero todos, más tarde o más temprano manifiestan su fastidio por tener que estar restringiendo lo que comen.

Estas circunstancias no las tenemos presentes cuando decidimos comenzar un plan de adelgazamiento. Al inicio, todo son fortalezas y decisiones inamovibles: «Esta vez sí que vamos a perder esos 20 kilos que nos sobran, y hasta que no lo consigamos no vamos a decaer». «Ahora sí que va a ser la definitiva». No entra en nuestro cálculo de posibilidades no llegar a nuestra meta y cueste lo que cueste lo vamos a lograr

Pues bien, esto es un gran error. Como decía al principio, todo el mundo se cansa de hacer una dieta, y cuando el cansancio empieza a asomar, el comprobar que el objetivo que nos hemos fijado al principio aún se encuentra más lejos de lo que sería nuestro deseo, no hace sino ahondar más en el desánimo y la desesperación.

Plantearse la pérdida de peso con la misma filosofía con la que nos plantearíamos una carrera de maratón, sin estar completamente entrenados, aboca irremediablemente al fracaso. Muy poca gente es capaz de correr los 42 km y pico de los que consta una prueba de este tipo, en el tiempo que se requiere, antes de que cierre la meta. Pero sí que estaríamos preparados para recorrer esa distancia en el tiempo en el que cada uno pudiese desenvolverse de una forma cómoda.

Permíteme que te cuente una historia. En un país existían dos ciudades separadas entre sí por un gran desierto. A lo largo del camino que unía las dos urbes, florecían cinco oasis. En la segunda ciudad, la de destino, se hallaban extraordinarios tesoros y prometedoras oportunidades. Muchos eran los que ansiaban llegar a ella y algunos de los que querían emprender el viaje elucubraban la idea de que cuanto antes alcanzasen su objetivo, más bienes podrían acaparar para disfrutarlos en solitario.

Entre todos ellos había un joven, no muy fuerte, no muy resistente, pero con una gran inteligencia que también decidió atacar ese proyecto.

Cuando todos iniciaron la travesía del desierto, los más osados, los más ansiosos, llegaron en unas formidables condiciones al primer oasis; sus fuerzas permanecían en un nivel alto, se encontraban lo suficientemente pletóricos como para afrontar la venidera etapa hasta el segundo oasis. Y así lo hicieron. Alcanzaron ese segundo objetivo algo más débiles, pero todavía lo suficientemente animosos como para saltar al tercero. A este ya llegaron más cansados, pero la visión de las grandes riquezas que esperaban al final del trayecto les hizo no sopesar suficientemente bien sus capacidades en aquel momento y emprendieron la travesía hasta el cuarto y penúltimo palmeral. Una vez llegados a él, tan solo les quedaría el último antes de alcanzar su sueño. Pero el periplo hasta el que se ubicaba en cuarto lugar fue muy duro; el calor había castigado sus ya molidos cuerpos, el nivel de su energía no estaba adecuadamente recargado. La prudencia les aconsejaba parar y descansar el tiempo suficiente para reponer su organismo de nuevos bríos que les permitiesen culminar su empresa con éxito. Pero la obcecación, el no saber valorar su estado real en ese momento, les impulsó a proseguir su peregrinar por el desierto. Ninguno de los, *a priori,* más fuertes, llegó jamás a la ciudad prometida. Mientras todo esto ocurría, el joven débil, el que parecía que no tenía posibilidades de conseguirlo, usó su cabeza y su inteligencia y fue dosificando sus fuerzas. Alcanzó cada oasis y descansó en él el tiempo suficiente y necesario para acumular una nueva inyección de energía, la justa como para emprender la aventura hasta el siguiente oasis. Y así sucesivamente, de reposo en reposo, al final consiguió flanquear las puertas de su sueño y disfrutar de las riquezas que en principio se le antojaba lejanas, pero no imposibles.

A la hora de perder peso, sobre todo si tenemos que afrontar una pérdida de kilos bastante considerable, la peor de las consejeras es la prisa. Es muy conveniente plantearse ese adelgazamiento como una carrera por etapas y, evaluando de forma realista nuestras capacidades mentales, diseñar un plan y un recorrido de acuerdo con ellas. En cada individuo la duración de cada periodo será diferente, en consonancia con su estado anímico. Necesitamos tener la flexibilidad suficiente como para ir variando el ritmo y duración de cada una de ellas en función de la situación emocional en la que nos encontremos en cada instante. Tan solo así lograremos llegar a la meta final que nos hemos propuesto.

Cuando en mi consulta detecto esas bajadas de energía en alguno de mis pacientes, mi consejo es claro y tajante: «Deja la dieta de momento. Consolida el peso que ya has perdido haciendo un mantenimiento y volviendo a comer todo tipo de alimentos que ahora estás echando en falta. Porque lo que te cansa de una dieta, no es tener que comer los alimentos que te especifica que debes comer, lo que te cansa de cualquier dieta es el conjunto de manjares que ansías disfrutar y que todavía no puedes degustar. Es conveniente volver a comer todo aquello que está prohibido» —por supuesto de la forma racional que yo les sugiero para no recuperar el peso perdido—. «Y cuando después de un tiempo, semanas o meses, te encuentres con la suficiente fuerza de voluntad como para acometer con garantías otro período dieta, la retomamos y viajamos hasta el siguiente oasis».

ANTES DE CONTINUAR
CONTESTA A DOS ¿SENCILLAS? PREGUNTAS

Sé que este nuevo ejercicio te va a costar un gran esfuerzo, no es nada fácil, pero procura tomarte tu tiempo. Es muy importante que escribas debajo las respuestas a estas preguntas. Las que tú creas.

¡Ah ¡Una puntualización importante: no está permitido contestar «No sé».

1. ¿QUÉ ES PARA TI LA FELICIDAD?

2. ¿QUÉ TENDRÍA QUE OCURRIR PARA QUE FUESES PLENAMENTE FELIZ? (SI AÚN NO LO ERES)

EJERCICIO
EN BUSCA DE LA FELICIDAD

Para comenzar esta nueva semana hazme un favor, ¡hazte un favor!, enumera las situaciones que ahora recuerdes en las que has sido feliz en tu vida y apúntalas abajo. Tómate todo el tiempo que necesites, si precisas de un día completo dedícate a ello toda la jornada. Es más, cuantas más horas de las próximas dediques a evocar aquellos instantes de tu existencia en los que te has topado con la felicidad, más pleno llegarás a la hora de meterte en la cama.

Fecha de comiendo de la semana:

Peso de comienzo:

META
SEMANAL

.... Kg

PLAN DE ACCIÓN

4 minutos

(Lo que voy a hacer para conseguir mi meta semanal)

....
....
....
....

DIETA

....
....
....
....

EJERCICIO

6 minutos

....
....
....

PLAN PSICOLÓGICO
O HÁBITOS PARA ROMPER

....
....
....

LA LISTA DE LA COMPRA

Planifica a continuación todo lo que vas a necesitar esta semana
para poder realizar correctamente tu dieta sin que te falte nada,
y hazte una lista de la compra.

....
....
....
....
....

Lo voy a comprar el día:

TU RECOMPENSA SEMANAL

Elige, y escríbela en el recuadro de abajo, una recompensa que obligatoriamente te vas a permitir o gratificar u otorgar si consigues, el próximo viernes, alcanzar <u>EXACTAMENTE O POR DEBAJO</u> el peso que te has marcado hoy como meta intermedia para esta semana; <u>O SI NO HAS TENIDO NINGUNA MARCA AMARILLA</u> durante la semana que comienza.

....
....
....
....
....

Busca y pega aquí una foto
o imagen que te recuerde
visualmente tu recompensa
elegida y te haga desearla
con mayor ahínco.

«¿A dónde va la comida que comes?
¿Qué provoca en tu cuerpo?
Pregúntatelo constantemente»

SEMANA E - Día 1 (viernes)

DESAYUNO
DEBO 🕐 2 minutos

DESAYUNO
HE HECHO 🕐 2 minutos

1/2 MAÑANA
DEBO

1/2 MAÑANA
HE HECHO

COMIDA
DEBO

COMIDA
HE HECHO

1/2 TARDE
DEBO

1/2 TARDE
HE HECHO

CENA
DEBO

CENA
HE HECHO

HOY HE HECHO ESTA CANTIDAD DE EJERCICIO

2 minutos

....
....
....
....

LO QUE ME FALTA PARA COMPLETAR MI META SEMANAL

LLEVO EN TOTAL

ME FALTA AÚN

....
....
....
....

TU MOMENTO MÁS POSITIVO DEL DÍA

4 minutos

....
....
....

TUS MINI-METAS DEL DÍA

2 minutos

....
....
....
....

MARCA AHORA TUS TAREAS DEL DÍA

- 🍎 LISTA DE COMIDAS ☐ 🍎
- 🏃 EJERCICIO ☐ 🏃
- ☺ MOMENTO POSITIVO ☐ ☺
- ✅ MINI-META ☐ ✅
- 👁 INFORMAR ☐ 👁
- i EJERCICIO DE MINDFULNESS ☐ i
- ⚙ EJERCICIO DE MINDFUL-EATING ☐ ⚙
- ≔ LEER LISTA DE LOS MOTIVOS ☐ ≔

EJERCICIO
EN BUSCA DE LA FELICIDAD (2)

Ayer te pedí que listases una relación de los momentos de tu vida en los que fuiste feliz. Me imagino que si ahora la relees verás que has escrito instantes importantes de tu existencia: tu boda, el nacimiento de tu hijo, tu primera comunión, el día que te declaraste o se te declaró tu primer amor. Todas ellas situaciones extraordinarias, en días muy señalados.

Pues bien, en el ejercicio de hoy vas a hacer lo mismo, pero en él tan solo tienes que apuntar los momentos de hoy en los que ha sido feliz. Solamente de hoy. Y te recuerdo que tienes que completar toda la lista antes de poder pasar a la siguiente página. No está permitido dejar ni una sola casilla en blanco.

MOMENTOS FELICES DE HOY

Cuarto objetivo del Mindfulness

Vivir la felicidad

Lo normal es que esta parte del ejercicio te haya costado mucho más realizarla que la primera en la que tuviste que enumerar los recuerdos felices de toda tu vida. Pregúntate el por qué.

Cuando nos formulan ¿qué es lo que más nos gustaría alcanzar en la vida?, en no pocas ocasiones la respuesta de muchas personas es «me gustaría ser feliz». Pero si insistimos y continuamos con el interrogatorio pidiéndole a nuestro interlocutor que nos defina qué es para él la felicidad, en la mayoría de las ocasiones la respuesta suele comenzar con un «no sé...» y una mirada de sus ojos hacia arriba como intentando buscar, o en su mente o en las nubes del cielo, aquel acontecimiento que les conduciría de una vez por todas a su ansiada felicidad.

Sí buscamos en el diccionario de la Real Academia de la Lengua Española encontramos que la definición de felicidad tiene, entre otras, las siguientes acepciones:

1. Estado de grata satisfacción espiritual y física.
2. Ausencia de inconvenientes o tropiezos.

La primera de las posibilidades que nos ofrece la Real Academia nos conduciría a una situación exclusivamente mental. La satisfacción es una cualidad completamente subjetiva; uno está satisfecho cuando su pensamiento le dice que debe estarlo, da igual lo que hayamos conseguido, siempre y cuando nuestro intelecto nos dé permiso para disfrutarlo. Por ello hay gente que con un mismo resultado o con una misma vivencia se encuentra plenamente feliz, y otras personas en esa misma situación o posesión viven en desazón.

Cuando yo era joven, bueno realmente más joven que ahora, porque todavía lo soy, en mi adolescencia, tenía sueños, como creo que todo adolescente debería tener. Por supuesto, uno de ellos, quizás el más reiterativo, era el de llegar a ser millonario. Me convencía de que logrando ese estatus económico nada podría impedir que yo fuese feliz. No habría preocupaciones pues todo lo que yo desease me sería asequible por el poder de mi dinero. Podría costearme todo tipo de posesiones materiales, y esa circunstancia, entendía yo, me traería el reconocimiento social y personal. Pero, por otro lado, en mi todavía inmadura mente idealizada, construía películas sobre determinadas condiciones que me impondría.

En caso de que los billetes llamasen a mi puerta en grandes cantidades, el más «innegociable» de esos requisitos era el de que cuando conociese a alguna chica, con el fin de formar una pareja estable, jamás, jamás le mostraría mi cuenta corriente, ni haría alarde de mi gran capacidad económica, pues por entonces estaba convencido de que si ella se enteraba de que yo era rico, el interés que iba a demostrar por nuestra relación tendría su germen en el vil metal y no en mí como individuo y persona. Bueno, son tonterías mentales que se generan en tu cerebro cuando tienes la inseguridad de la edad y estás construyendo castillos en el aire para luchar por ellos y conseguir un futuro; benditos castillos flotantes que son en la mayoría de las ocasiones los que impulsan tu determinación para ganarte un mañana.

Ahora que lo pienso, valiente contradicción el, por un lado, anhelo de acaparar amplios bienes materiales para ser reconocido socialmente, y por otro, el hecho de que fuese necesario ocultar dicha tenencia a la persona que, en teoría, iba a ser la que mayor felicidad y razones para existir aportaría a mi vida.

Hoy en día todavía siguen atacando a mi mente flases en forma de deseo de alcanzar riquezas, y he de reconocer que, en alguna ocasión, no muchas, participo en algún sorteo que ofrezca suculentos premios millonarios. Pero cuando me planteo qué haría yo de resultar agraciado con tanto dinero, me ubico en una paradisiaca isla del océano Índico y me ensueño tumbado en una hamaca en Las Maldivas, con los ojos cerrados, apaciguando mi día con el suave mecer del agua del mar que diluye mis preocupaciones; con esa brisa susurrante que bambolea traviesos los vellos de mis brazos; con ese perfume salado que porta aromas de salitre y piélagos lejanos. ¡Oh! ¡Qué placer tan remoto e inalcanzable! Eso debe de ser la felicidad. ¿Remoto e inalcanzable? Verdaderamente, si me paro a pensar con objetividad y cierta dosis de tranquilidad, y activo mi intelecto para analizar detenidamente todo lo que experimentaría, me doy cuenta de que en las sensaciones básicas que percibiría (calor del sol, contacto de la brisa marina, agua salada y desconexión del mundo) las puedo conseguir, y de hecho las obtengo todos los veranos, en una playa del mar Mediterráneo, e incluso si me apuras, en alguna piscina de cualquier ciudad, y por añadidura, de esta forma no me caliento la cabeza sufriendo por la cantidad de pasta que me he gastado en el remoto edén.

En resumidas cuentas y siendo objetivos, puedo obtener la felicidad sin necesidad de atesorar mucho dinero; la excusa de ganar a la lotería vendría a llenar más bien un vacío de ambición o de alguna alteración infantil de mi personalidad de la que sería tributaria ese anhelo y que quizás fuese pertinente que me la estudiasen en otra ocasión.

Acabo, ahora mismo, de rellenar en mi cuaderno el ejercicio que te he propuesto tres páginas más atrás, el de que listases los momentos felices que has disfrutado en este día. Yo he escrito los míos, y mientras los buscaba en mi línea de tiempo de hoy y los iba transmitiendo al papel, me iba percatando de que han sido numerosos, porque la felicidad no nos es dada por las grandes cosas; la felicidad nos impregna cuando sabemos extraer de los pequeños detalles de cada jornada aquello que, como reza el diccionario de la Real Academia, nos genera grata satisfacción, y hoy a mí, al final de mi últimas 24 horas de existencia, me ha generado grata satisfacción lo siguiente:

• Escuchar en la radio del coche, mientras me dirigía a mi despacho, una canción que hacía tiempo que no oía y que ha traído a mi mente gratos recuerdos.

• Las visitas de los pacientes que han acudido hoy a mi consulta y que han conseguido el éxito con el tratamiento que les propuse hace tres semanas. Sus expresiones de satisfacción han generado en mí un grato reconocimiento.

• La hora de la pausa de mediodía en el trabajo, en el que he comido con mi mujer y hemos charlado de la vida de nuestros tres hijos, ha producido en mi mente una grata complacencia.

• Por la tarde, tras concluir mi jornada laboral, he disputado un partido de pádel. Cada uno de los juegos en los que, gracias a mis golpes, he conseguido vencer al adversario, han desencadenado en mi un sentimiento de grata superación.

• Por la noche ya, viendo la televisión en el salón de mi casa, con mis hijos, el comprobar cómo van encaminando sus vidas y su futuro por una senda que yo intuyo correcta y en la que he tenido gran parte de «culpa», me inunda de una grata serenidad.

• Y finalmente, aunque aún hoy no lo he disfrutado, sé que sí hallaré una profunda sensación de paz, cuando esta noche, ya introducido entre mis sabanas, abra el fascinante libro que estoy leyendo y me sumerja entre sus páginas aislado del resto del mundo. Esos veinte minutos que me van lentamente transportando hacia la dulzura del adormecimiento son, sin ningún género de dudas, un momento de intensa y grata felicidad.

Bien, pues tras este rollo empalagoso que te acabo de soltar, me gustaría que tuvieses muy claro que tú, hoy, has sido feliz al menos un instante, aunque no te hayas dado cuenta de que ella ha pasado por tu lado, ha estado hablando contigo y quizás no le hayas hecho caso porque alejabas tu mente con otros negocios.

En su libro *La alegría de vivir,* que ya que he mencionado anteriormente, el maestro de la meditación Yongey Mingyur Rinpoche, nos explica que la felicidad plena no es más que un estado mental permanente que se obtiene de valorar la felicidad continúa de las pequeñas cosas que nos acontecen. Cuanto más conscientes seamos de todos los instantes felices que cruzan por nuestra vida, más rápidamente nos impregnaremos de esa «grata satisfacción espiritual y física» y la mantendremos habitando con nosotros.

Y ¿qué tiene todo esto que ver con el Mindful-Eating y con nuestra relación con la comida? A lo largo de mis casi 30 años como médico dedicado a aconsejar a mis más de 9.000 pacientes en materia de nutrición y hábitos de alimentación, he comprobado que, en una gran mayoría de los casos de los problemas que aparecen por una relación no adecuada con la comida, subyace una búsqueda continua de instrumentos que acerquen a las personas a algo parecido a un sentimiento de felicidad. No son capaces de encontrarla en las pequeñas vivencias de cada día, o por lo menos no con la suficiente intensidad que ellos desearían, y vuelven su vista hacia los alimentos apetecibles para que, por lo menos durante un fugaz instante, esta penetre en su mente.

Aunar la práctica del Mindfulness con esta dinámica que nos «obliga» a escribir al final de cada jornada todos aquellos instantes transcurridos durante las últimas 24 horas en los que la felicidad nos ha visitado, nos ayudará a tener una plena conciencia y a valorar mucho más todo lo bueno que nos sucede cada día. Ese va a ser un gran paso para cambiar tu relación perjudicial con la comida.

248

«En el momento que conozcamos plenamente lo que comemos y cómo nos afecta, podremos tomar las riendas de nuestra salud»

SEMANA E - Día 2 (sábado)

DESAYUNO
DEBO
🕐 2 minutos

DESAYUNO
HE HECHO
🕐 2 minutos

1/2 MAÑANA
DEBO

1/2 MAÑANA
HE HECHO

COMIDA
DEBO

COMIDA
HE HECHO

1/2 TARDE
DEBO

1/2 TARDE
HE HECHO

CENA
DEBO

CENA
HE HECHO

HOY HE HECHO ESTA CANTIDAD DE EJERCICIO

2 minutos

....
....
....

LO QUE ME FALTA PARA COMPLETAR MI META SEMANAL

LLEVO EN TOTAL

....
....
....

ME FALTA AÚN

....
....
....

TU MOMENTO MÁS POSITIVO DEL DÍA

4 minutos

....
....
....

TUS MINI-METAS DEL DÍA

2 minutos

....
....
....

MARCA AHORA TUS TAREAS DEL DÍA

- 🍎 LISTA DE COMIDAS ☐ 🍎
- 🏃 EJERCICIO ☐ 🏃
- ☺ MOMENTO POSITIVO ☐ ☺
- ✅ MINI-META ☐ ✅
- 👁 INFORMAR ☐ 👁
- ℹ EJERCICIO DE MINDFULNESS ☐ ℹ
- ⚙ EJERCICIO DE MINDFUL-EATING ☐ ⚙

EJERCICIO
ANOTA TUS MOMENTOS FELICES

Posiblemente este ejercicio te exija un pequeño grado de autodisciplina; tal vez no veas ahora mismo la necesidad o el cometido que puede tener en ti y en tu relación con la comida el tener que rellenar estas situaciones, que puede que a ti se te antojen irrelevantes. Por favor, permíteme que te sugiera que no juzgues de momento la importancia de hacerlo, tan solo déjate llevar y te pido que confíes en mí. Si tras completarlo no ha ocurrido nada en tu forma de ver la vida, únicamente habrás perdido unos minutos de tu tiempo; pero si, como yo espero y deseo, se ha obrado un cambio, aunque sea mínimo, en tu modo de afrontar el día a día, estaremos en un muy buen camino.

MOMENTOS FELICES DE HOY

*«Profundizar en tu conocimiento
te llevará a tomar mejores decisiones»*

SEMANA E - Día 3 (domingo)

DESAYUNO
DEBO
2 minutos

DESAYUNO
HE HECHO
2 minutos

1/2 MAÑANA
DEBO

1/2 MAÑANA
HE HECHO

COMIDA
DEBO

COMIDA
HE HECHO

1/2 TARDE
DEBO

1/2 TARDE
HE HECHO

CENA
DEBO

CENA
HE HECHO

HOY HE HECHO ESTA CANTIDAD DE EJERCICIO

2 minutos

....
....
....
....

LO QUE ME FALTA PARA COMPLETAR MI META SEMANAL

LLEVO EN TOTAL	ME FALTA AÚN
....	....
....	....
....	....
....	....

TU MOMENTO MÁS POSITIVO DEL DÍA

4 minutos

....
....
....
....

TUS MINI-METAS DEL DÍA

2 minutos

....
....
....
....

MARCA AHORA TUS TAREAS DEL DÍA

- 🍎 LISTA DE COMIDAS ☐ 🍎
- 🏃 EJERCICIO ☐ 🏃
- ☺ MOMENTO POSITIVO ☐ ☺
- ✅ MINI-META ☐ ✅
- 👁 INFORMAR ☐ 👁
- i EJERCICIO DE MINDFULNESS ☐ i
- ⚙ EJERCICIO DE MINDFUL-EATING ☐ ⚙

EJERCICIO
ANOTA TUS MOMENTOS FELICES

Hoy dejo un espacio más amplio para que puedas escribir, pues estoy seguro de que ya serás capaz de hallar muchos más motivos e instantes en los que has sido consciente de que estabas siendo feliz. Anótalos a continuación.

MOMENTOS FELICES DE HOY

«Si sabes el 'para qué', hallarás el 'cómo'»

SEMANA E - Día 4 (lunes)

DESAYUNO
DEBO
🕐 2 minutos

DESAYUNO
HE HECHO
🕐 2 minutos

1/2 MAÑANA
DEBO

1/2 MAÑANA
HE HECHO

COMIDA
DEBO

COMIDA
HE HECHO

1/2 TARDE
DEBO

1/2 TARDE
HE HECHO

CENA
DEBO

CENA
HE HECHO

HOY HE HECHO ESTA CANTIDAD DE EJERCICIO

2 minutos

....
....
....

LO QUE ME FALTA PARA COMPLETAR MI META SEMANAL

LLEVO EN TOTAL	ME FALTA AÚN
....	....
....	....
....	....

TU MOMENTO MÁS POSITIVO DEL DÍA

4 minutos

....
....
....

TUS MINI-METAS DEL DÍA

2 minutos

....
....
....

MARCA AHORA TUS TAREAS DEL DÍA

- 🍎 LISTA DE COMIDAS ☐ 🍎
- 🏃 EJERCICIO ☐ 🏃
- ☺ MOMENTO POSITIVO ☐ ☺
- ✅ MINI-META ☐ ✅
- 👁 INFORMAR ☐ 👁
- **i** EJERCICIO DE MINDFULNESS ☐ **i**
- ⚙ EJERCICIO DE MINDFUL-EATING ☐ ⚙

EJERCICIO
EL SENTIDO DE TU VIDA

¿Para qué estamos aquí? ¿Para qué hemos venido a este mundo? Y, ¿cuál es nuestra misión en él?, ¿qué pasará, donde iremos después, al final de todo? Estas preguntas, aunque parecen muy filosóficas y rara vez nos paramos a pensar en ellas, a planteárnoslas, permanecen más presentes de lo que nosotros pensamos en nuestro subconsciente y nos condicionan algunos comportamientos y estados mentales. Nos crean, sin nosotros percibirlo, estados de ansiedad latente.

El Mindfulness aborda esta situación predicando la importancia del presente, del aquí y ahora, de vivir el momento actual para extraer todo el jugo que tiene e intentar de esa manera llegar a la felicidad.

Muchas veces me planteaba las cuestiones que he escrito al principio de esta página; durante muchos años intentaba encontrar una respuesta, o algo que lejanamente se le pareciese. ¿Cuál podría ser la misión tan trascendente que nos hubiera traído a este universo para luego hacernos desaparecer de él, después de haberla cumplido?

Creo haber llegado a una solución, o por lo menos, es una conclusión que a mí me sirve, me calma y me ayuda a conducir mis actos liberándome de incertidumbres y «malos rollos» existenciales. Yo he asumido que mi función en esta vida es la de intentar conseguir que aquellas personas que me rodean, que se cruzan en mi camino y a las que pueda alcanzar con mis actos, sean más felices. Ahora, eso sí, no más felices a cualquier precio, sino ayudándoles a alcanzar ese grado de grata satisfacción, pero sin comprometer su salud, su iniciativa, ni su ética.

Podría entregarles a mis hijos una cantidad de dinero periódicamente para que no tuviesen que esforzarse en conseguirlo con su trabajo y esfuerzo, eso les otorgaría un cierto grado de felicidad, pero evidentemente, estaría boicoteando su iniciativa.

Podría dedicarme a firmar justificantes médicos a personas allegadas o certificando que se encuentran enfermas y que no pueden asistir a su trabajo. Con ello seguramente les granjearía algunas jornadas no laborales de felicidad, pero indudablemente eso atentaría en contra de su ética y, por supuesto, de la mía.

Podría facilitar comida basura a un individuo que tuviese un gran placer y apetencia por este tipo de alimento insano. Indudablemente lo haría feliz durante un instante, pero estaría menoscabando su salud.

Pero hay muchas otras maneras de crear satisfacción a tu alrededor sin provocar efectos negativos.

Y, pregunto de nuevo, ¿qué tiene todo esto que ver con el Mindful- Eating y con nuestra relación con la comida? Pues te contesto de nuevo: si tú logras encontrar un sentido a tu vida, vas a necesitar en menor grado buscarlo en la comida. Y créeme si te digo que el conseguir incrementar los niveles de satisfacción en la gente que te rodea es una ayuda inestimable, no solo para ellos, sino también para ti. Te invito a que lo pruebes durante unos días y que luego te detengas a pensar en qué es lo que has sentido cuando has actuado de esta forma.

Prepara, si quieres, a continuación, una breve lista de algunas personas conocidas con las que mañana te vas a relacionar e intenta buscar la forma de, en las próximas horas, hacer lo posible para incrementar su felicidad.

PERSONAS	ACCIONES

«Ayudar a los demás a ser más felices,
te ayudará a ti a ser feliz»

SEMANA E - Día 5 (martes)

DESAYUNO
DEBO — 2 minutos

DESAYUNO
HE HECHO — 2 minutos

1/2 MAÑANA
DEBO

1/2 MAÑANA
HE HECHO

COMIDA
DEBO

COMIDA
HE HECHO

1/2 TARDE
DEBO

1/2 TARDE
HE HECHO

CENA
DEBO

CENA
HE HECHO

HOY HE HECHO ESTA CANTIDAD DE EJERCICIO

2 minutos

LO QUE ME FALTA PARA COMPLETAR MI META SEMANAL

LLEVO EN TOTAL	ME FALTA AÚN

TU MOMENTO MÁS POSITIVO DEL DÍA

4 minutos

TUS MINI-METAS DEL DÍA

2 minutos

MARCA AHORA TUS TAREAS DEL DÍA

- 🍎 LISTA DE COMIDAS ☐ 🍎
- 🏃 EJERCICIO ☐ 🏃
- ☺ MOMENTO POSITIVO ☐ ☺
- ✅ MINI-META ☐ ✅
- 👁 INFORMAR ☐ 👁
- **i** EJERCICIO DE MINDFULNESS ☐ **i**
- ⚙ EJERCICIO DE MINDFUL-EATING ☐ ⚙

1. ¿QUÉ PERSONAS DE TU ENTORNO VAN A SER LAS AFORTUNADAS QUE MAÑANA VAN A DISFRUTAR DE UN INCREMENTO EN SU NIVEL DE FELICIDAD GRACIAS A TU BUENA DISPOSICIÓN?

2. ¿QUÉ ACCIONES VAS A DIRIGIR A CADA UNA DE ELLAS PARA CONSEGUIR ESE OBJETIVO?

PERSONAS	ACCIONES

«No busques por buscar; decide primero qué es lo que quieres encontrar y solo entonces ve a por ello»

SEMANA E - Día 6 (miércoles)

DESAYUNO
DEBO
🕐 2 minutos

DESAYUNO
HE HECHO
🕐 2 minutos

1/2 MAÑANA
DEBO

1/2 MAÑANA
HE HECHO

COMIDA
DEBO

COMIDA
HE HECHO

1/2 TARDE
DEBO

1/2 TARDE
HE HECHO

CENA
DEBO

CENA
HE HECHO

HOY HE HECHO ESTA CANTIDAD DE EJERCICIO

2 minutos

....
....
....
....

LO QUE ME FALTA PARA COMPLETAR MI META SEMANAL

LLEVO EN TOTAL

....
....
....
....

ME FALTA AÚN

....
....
....
....

TU MOMENTO MÁS POSITIVO DEL DÍA

4 minutos

....
....
....
....

TUS MINI-METAS DEL DÍA

2 minutos

....
....
....
....

MARCA AHORA TUS TAREAS DEL DÍA

- 🍎 LISTA DE COMIDAS ☐ 🍎
- 🏃 EJERCICIO ☐ 🏃
- ☺ MOMENTO POSITIVO ☐ ☺
- ☑ MINI-META ☐ ☑
- 👁 INFORMAR ☐ 👁
- **i** EJERCICIO DE MINDFULNESS ☐ **i**
- ⚙ EJERCICIO DE MINDFUL-EATING ☐ ⚙

VUELVE A ANOTAR HOY, POR ÚLTIMA VEZ DURANTE ESTA SEMANA, EL PLAN PARA INCREMENTAR LA FELICIDAD ENTRE LA GENTE QUE TE RODEA.

Aunque esta sea la última página del libro donde te propondré esta dinámica, sería de una gran ayuda para ti si en un cuaderno aparte te diseñas una tabla como esta y la rellenas para aplicarla día tras día.

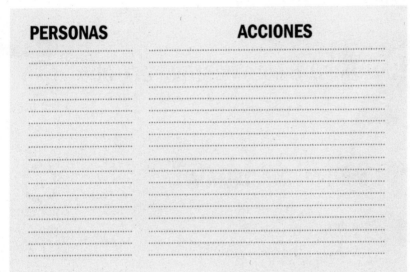

PERSONAS	ACCIONES

«Márcate una recompensa para tu esfuerzo, porque todo esfuerzo merece un premio»

SEMANA E - Día 7 (jueves)

DESAYUNO
DEBO
2 minutos

DESAYUNO
HE HECHO
2 minutos

1/2 MAÑANA
DEBO

1/2 MAÑANA
HE HECHO

COMIDA
DEBO

COMIDA
HE HECHO

1/2 TARDE
DEBO

1/2 TARDE
HE HECHO

CENA
DEBO

CENA
HE HECHO

HOY HE HECHO ESTA CANTIDAD DE EJERCICIO

2 minutos

....
....
....
....

LO QUE ME FALTA PARA COMPLETAR MI META SEMANAL

LLEVO EN TOTAL	ME FALTA AÚN
....	....
....	....
....	....
....	....

TU MOMENTO MÁS POSITIVO DEL DÍA

4 minutos

....
....
....
....

TUS MINI-METAS DEL DÍA

2 minutos

....
....
....
....

MARCA AHORA TUS TAREAS DEL DÍA

- 🍎 LISTA DE COMIDAS ☐ 🍎
- 🏃 EJERCICIO ☐ 🏃
- ☺ MOMENTO POSITIVO ☐ ☺
- ✅ MINI-META ☐ ✅
- 👁 INFORMAR ☐ 👁
- i EJERCICIO DE MINDFULNESS ☐ i
- ✿ EJERCICIO DE MINDFUL-EATING ☐ ✿

Comprueba los resultados

Hoy es viernes por la mañana, la semana ha llegado a su fin, es hora de verificar y valorar los resultados obtenidos y compararlos con los objetivos que te propusiste al inicio de esta.

PESO DE INICIO DE ESTA SEMANA

META DESEADA AL FINAL DE LA SEMANA

Apunta a continuación la meta que te marcaste al principio de estos 7 días

....
....
....

META OBTENIDA AL FINAL DE LA SEMANA

Ahora escribe el resultado que has tenido

....
....
....

Finalmente describe con un adjetivo, tanto si has llegado a donde te propusiste como si no lo has hecho, cómo te sientes ahora:

....

Vamos a comenzar mañana la última semana que comprende este libro de ayuda en tu relación con la comida a través del Mindfulness, Mindful-Eating y Mindful-Nourishing.

Espero que con el aprendizaje que ya atesoraras en tu interior hayas sido capaz de gestionar el resultado que has obtenido durante los pasados siete días, tanto si ha sido un resultado positivo, como si se ha mostrado negativo. Supongo que en tu mente se habrá producido un cambio que te llevará a ver de una forma mucho más serena lo que ha ocurrido, pero sobre todo, debes conocer ya el camino que tienes que seguir para perseverar en tu mejora.

TU RECOMPENSA SEMANAL

Elige, y escríbela en el recuadro de abajo, una recompensa que obligatoriamente te vas a permitir o gratificar u otorgar si consigues, el próximo viernes, alcanzar <u>EXACTAMENTE O POR DEBAJO</u> el peso que te has marcado hoy como meta intermedia para esta semana; <u>O SI NO HAS TENIDO NINGUNA MARCA AMARILLA</u> durante la semana que comienza.

....
....
....
....
....

Busca y pega aquí una foto
o imagen que te recuerde
visualmente tu recompensa
elegida y te haga desearla
con mayor ahínco.

SEMANA F

Quinto objetivo del Mindfulness

Trabajar el desapego

En la historia que te he narrado en un capitulo anterior sobre mis sueños en busca de la felicidad a través del dinero, admitía que el hecho de intentar conseguir este placer a través de las cosas materiales es, en la mayoría de los casos, un espejismo. Quizás tener la vida económicamente resuelta y sin sobresaltos nos ayude a concebir los días de una manera más tranquila, más relajada, con menos sobresaltos, pero ni mucho menos eso significa que nos sintamos felices.

No, la verdadera felicidad no está en tener, en poseer, en atesorar; la verdadera satisfacción está en disfrutar de las emociones que somos capaces de sentir ante grandes o pequeñas cosas, pero sin estar sustentadas por su posesión. Puedes ser feliz contemplando un cuadro hermoso, pero su contemplación te hará igual de feliz que la que le provoca su visión a su propietario. Ambos estáis disfrutando al presenciar la misma belleza.

Por ello, el Mindfulness tiene muy claro que una de sus misiones es conseguir que sus practicantes sean capaces de llegar a ese estado pleno de gozo sin necesidad de acaparar un bien; sin necesidad de apegarse a un concepto material. Es lo que se denomina el desapego. ¿No te ha ocurrido muchas veces que cuando consigues hacerte con un objeto que has deseado durante un cierto periodo, este logra provocarte una emoción efímera que luego desaparece y se pierde en el olvido? Y ese tiempo que has dedicado a obsesionarte con esa pieza, ¿de qué otras cosas, que podrían haberte complacido, te has olvidado? El desapego, a través del Mindfulness, te enseña a otorgar a cada cosa y situación el justo valor que debe tener, ni más ni menos, y sobre todo, a través de centrarnos en el presente, nos instruye en no permitir que lo material nos aleje de lo importante.

Fecha de comiendo de la semana:

Peso de comienzo:

PLAN DE ACCIÓN 4 minutos

(Lo que voy a hacer para conseguir mi meta semanal)

....
....
....

DIETA

....
....
....

EJERCICIO 6 minutos

....
....
....

PLAN PSICOLÓGICO
O HÁBITOS PARA ROMPER

....
....
....

LA LISTA DE LA COMPRA

Planifica a continuación todo lo que vas a necesitar esta semana
para poder realizar correctamente tu dieta sin que te falte nada,
y hazte una lista de la compra.

....
....
....
....
....

Lo voy a comprar el día:

DINÁMICA DE MINDFUL-EATING

Una de las dinámicas más «salvajes» y que a mí más me gusta realizar con los pacientes con los que trabajo en las reuniones grupales es la del desapego.

Me encanta ver las caras de terror que aparecen en sus rostros cuando les indico que tienen que hacer, inevitablemente y obligatoriamente, lo que trabajamos en ellas. Nunca les descubro previamente lo que va a acontecer durante esa hora, pero todos la abandonan con un sentimiento de culpabilidad tan fuerte que realmente les hace pensar y plantearse muchas cosas. Eso es precisamente lo que yo quiero conseguir, que piensen, que sean conscientes de cómo sus creencias les condicionan sus actos y su relación con la comida.

Recuerdo particularmente una de aquellas reuniones grupales con cuatro pacientes. La semana anterior, sin especificarles para qué, les solicité que me escribiesen cada uno de ellos en un papel cuál era su alimento favorito, aquel por el que «matarían» por comer.

La lista estaba compuesta por tortilla de patatas, paella, cerveza y chucherías.

Cuando llegó el momento de trabajar la dinámica, entraron en la sala de reuniones y se encontraron sobre la mesa, delante de cada una de sus sillas, una campana cubreplatos que reposaba tapando algo que ocultaba.

Les expliqué que íbamos a trabajar el desapego y que la siguiente hora iba a ser complicada y difícil. Un rictus de sorpresa y de escepticismo se dibujó en sus rostros.

Les pedí a cada uno de ellos que alzasen su campana para descubrir lo que se escondía debajo de ella.

Ante la vista de cada uno apareció «su alimento», aquel por el que cometerían una locura. Me había preocupado de que el punto de preparación de cada una de las viandas fuese óptimo. La cerveza estaba recién servida, con la copa debidamente enfriada en el congelador, con lo que la humedad y frialdad del líquido que contenía empañaba el cristal, y por supuesto con su dedo de espuma bien formado; la tortilla de patatas en su adecuado grado de jugosidad; la paella con el arroz reposado y sus componentes mostrando una apariencia exquisita y desprendiendo un aroma prácticamente embriagador, y las chucherías fueron minuciosamente seleccionadas para escoger aquellas con un color más atractivo y edificante.

Una vez que hubieron contemplado tan tentadora visión, les invite a que tomasen contacto cada uno con su plato mediante el sentido que quisiesen exceptuando el del gusto. Podían oler su alimento, tocarlo, verlo, pero no podían probarlo. Con ello pretendí incrementar su grado deseo, su apego por él. Transcurridos unos cinco minutos, y cuando me aseguré de que su deseo era tan fuerte que no iban a poder aguantar mucho tiempo más, les mostré una caja de cartón con una gran bolsa de basura negra y pasando al lado de cada uno de los hipotéticos comensales, les invité a que arrojasen dentro de ella, sin probarlo, su manjar preferido.

Realmente ese momento fue dramático; se resistían, no entendían cómo yo era capaz de pedirles tal sacrilegio. Un torrente de imágenes, creencias, convicciones, compulsiones, sentimientos de rebelión, estaban cruzando por su mente porque una parte de ella no admitía que hubiera que tirar la comida a la basura.

Les costó tomar esa determinación y cumplir con la sugerencia que yo les había dado. Al final, los cuatro lo hicieron, pero una vez concluida aquella sesión, cuando abandonaron la sala, las risas, los comentarios, las charlas que semanas atrás siempre surgían antes de la despedida del grupo, en esta ocasión brillaron por su ausencia. Todos se fueron tristes y pensativos. Incluso al cabo de las semanas el recuerdo de aquella dinámica permaneció fuertemente impactada en su mente y fue objeto de comentarios continuos.

Octavo error a evitar

Pensar que la comida es sagrada y que tirarla es un sacrilegio

¡Qué horror, tirar comida! Cuando yo era pequeño, una de las creencias más arraigadas, tanto en mi familia como en muchas otras, es que había que comerse la ración completa de los que nos habían servido. No estaba permitido tirar a la basura nada de lo que estuviese puesto encima de la mesa. Es más, si por cualquier motivo no podíamos acabarlo generalmente se guardaba en la nevera o en el horno para comérnoslo por la noche o al día siguiente. En aquellos años, estoy hablando de los 60 y los 70, todavía estaba muy incrustada en la memoria de nuestros padres lo difícil que había sido para ellos acceder a los alimentos dado que, en muchas ocasiones, en la época de la posguerra, estos tenían un valor incluso superior al del dinero; llegaron a pasar hambre y fue ahí donde se cinceló la idea de que la comida es algo sagrado.

La frase «tienes que acabarte todo lo que está en el plato, porque en muchas partes del mundo los niños se mueren de hambre», es una sentencia que yo creo que hemos escuchado en todos los hogares españoles. Y efectivamente, todos podemos argumentar la respuesta: «Y ¿en qué van a mejorar las condiciones de vida de esos niños por el hecho de que yo me coma todo lo que tengo el plato?».

Nunca como en la actualidad ha sido tan fácil conseguir todo tipo de alimentos, y nunca como en la actualidad hemos dispuesto de tanta variedad y cantidad de ellos. Por lo tanto, las circunstancias de ahora con relación a las de mi infancia o la de mis padres son completamente diferentes. Pero todavía seguimos teniendo en nuestro subconsciente una pena, un algo profundo que se despierta cada vez que acercamos un plato lleno al cubo de la basura.

Y ¿qué ocurre, sobre todo a las madres, cuando sobra una parte de lo que han servido a sus hijos? Efectivamente, que los restos acaban siendo ingeridos por ellas, aunque no tengan nada de hambre. En mi actual familia no solo es mi esposa la que daba cuenta de ellos, sino que yo, en muchas ocasiones, contribuía a ayudarla; es más, muchas veces estaba más pendiente de los platos de mis hijos, deseando que no se acabasen todo para poder hacerlo yo que en mi propio plato. Mi comportamiento era decididamente ansioso.

Cuando ocurre esto, lo que suelo explicarles a mis pacientes, y es bastante efectivo, es que se imaginen que dentro de su domicilio tienen dos cubos de basura: uno de ellos se halla debajo del fregadero con una bolsa de plástico fino de color gris y el otro es un depósito para desechos que nosotros tenemos incorporado de serie en nuestro organismo y que se encuentra debajo de la piel. Si sobra comida en un plato, pueden elegir entre las dos opciones, o arrojarla al balde de plástico o bien depositarla en nuestro recipiente interno. Ambos son lo mismo, acumuladores de sustancias inservibles pero el externo tiene una ventaja, la de que cuando llega la noche cerramos esa bolsa gris con un nudo, salimos de casa y la depositamos en los contenedores dispuestos a tal fin por el ayuntamiento. Y una vez que hemos hecho esto nos olvidamos de esos restos, ya no son asunto nuestro. Sin embargo, si decidimos incorporar esas sobras a nuestro «cubo de basura interno» no podremos, una vez acabado el día, desprendernos de ellas. Permanecerán con nosotros durante mucho tiempo. Tendrán un desagradable efecto acumulativo en nuestro organismo y un día veremos con enfado que ese acopio nos molesta, y será entonces cuando decidamos deshacernos de él, pero esta determinación no será tan fácil como el simple hecho de abandonarlos en la calle; deberemos hacer algo más trabajoso para desprendernos de ellos, en definitiva, tendremos que «sufrir» una dieta.

En nuestras sesiones de *Coaching,* trabajamos con nuestros pacientes esta creencia. Es una de las más difíciles de erradicar. Al final, generalmente lo conseguimos, pero con bastante trabajo.

Permíteme que te dé un par de consejos para destruir esta tendencia a comer lo que se queda en el plato o en la fuente.

Primer consejo: si te sobra comida y te apena tirarla, congélala, sea del tipo que sea. Envuélvela en papel de aluminio o en film de plástico y métela en el congelador. Esta acción no te causará ningún sufrimiento, pero cuando transcurran unos cuantos días o semanas viéndola allí en tu nevera y además necesites espacio para guardar nuevos alimentos, acabarás tirando esos restos a la basura, pero ahora sin cargo de conciencia.

Segundo consejo: si lo que realmente te entristece es que haya gente que lo esté pasando mal porque no tenga acceso a una nutrición básica mientras tú puedes disfrutar de una sobreabundancia, siéntate un día con un bolígrafo y un papel y calcula cuánto de ese excedente alimentario que tienes puedes donarlo a alguien para que en tu casa no falte pero que tampoco sobre. Y todo aquello que te ahorres con este sistema, entrégalo a algún comedor social o incluso a alguna persona necesitada que veas en la calle.

De esta forma te quedarás más tranquilo con tu conciencia y además conseguirás evitar un ingreso extra de «residuos tóxicos» en tu «cubo de basura» interno.

«La mayor riqueza
es atesorar vivencias»

SEMANA F - Día 1 (viernes)

DESAYUNO
DEBO   🕐 2 minutos

DESAYUNO
HE HECHO   🕐 2 minutos

1/2 MAÑANA
DEBO

1/2 MAÑANA
HE HECHO

COMIDA
DEBO

COMIDA
HE HECHO

1/2 TARDE
DEBO

1/2 TARDE
HE HECHO

CENA
DEBO

CENA
HE HECHO

HOY HE HECHO ESTA CANTIDAD DE EJERCICIO

2 minutos

....

....

....

LO QUE ME FALTA PARA COMPLETAR MI META SEMANAL

LLEVO EN TOTAL	ME FALTA AÚN

TU MOMENTO MÁS POSITIVO DEL DÍA

4 minutos

....

....

....

....

TUS MINI-METAS DEL DÍA

2 minutos

....

....

....

MARCA AHORA TUS TAREAS DEL DÍA

    🍎 LISTA DE COMIDAS   ☐ 🍎

    🏃 EJERCICIO   ☐ 🏃

    ☺ MOMENTO POSITIVO   ☐ ☺

    ✅ MINI-META   ☐ ✅

    👁 INFORMAR   ☐ 👁

    i EJERCICIO DE MINDFULNESS   ☐ i

    ⚙ EJERCICIO DE MINDFUL-EATING   ☐ ⚙

«Inténtalo, y si fracasas
tendrás la gran suerte de haber
aprendido algo»

SEMANA F - Día 2 (sábado)

DESAYUNO
DEBO
2 minutos

DESAYUNO
HE HECHO
2 minutos

1/2 MAÑANA
DEBO

1/2 MAÑANA
HE HECHO

COMIDA
DEBO

COMIDA
HE HECHO

1/2 TARDE
DEBO

1/2 TARDE
HE HECHO

CENA
DEBO

CENA
HE HECHO

HOY HE HECHO ESTA CANTIDAD DE EJERCICIO

2 minutos

....
....
....
....

LO QUE ME FALTA PARA COMPLETAR MI META SEMANAL

LLEVO EN TOTAL   **ME FALTA AÚN**

....
....
....

TU MOMENTO MÁS POSITIVO DEL DÍA

4 minutos

....
....
....
....

TUS MINI-METAS DEL DÍA

2 minutos

....
....
....
....

MARCA AHORA TUS TAREAS DEL DÍA

- 🍎 **LISTA DE COMIDAS** ☐ 🍎
- 🏃 **EJERCICIO** ☐ 🏃
- ☺ **MOMENTO POSITIVO** ☐ ☺
- ✅ **MINI-META** ☐ ✅
- 👁 **INFORMAR** ☐ 👁
- **i** **EJERCICIO DE MINDFULNESS** ☐ **i**
- ⚙ **EJERCICIO DE MINDFUL-EATING** ☐ ⚙

DINÁMICA DE MINDFUL-EATING
Trabajar el desapego

Pues sí, ha llegado el momento. Pensabas que me había olvidado y que aquello que te relaté sobre ese grupo que tuvo que tirar a la basura su comida era tan solo una leyenda urbana, y que a ti no te iba a afectar. Pues te equivocaste. Sé que te va a costar porque muchas creencias han anidado en tu mente desde mucho tiempo ha. Pero son solo creencias, sin otro fundamento que el de haber sido inculcadas e impresas en tu cerebro sin un razonamiento previo.

La comida no es ni más ni menos importante que el vestido y, sin embargo, a este último no le tenemos un cariño tan sagrado como a los alimentos. Y es, muchas veces, ese apego tan irracional el que nos hace no romper con hábitos que están claramente perjudicando nuestra salud.

Por ello, el resto de los días que quedan de esta semana vamos a practicar el desapego a los alimentos.

Elige para mañana un manjar que te apasione, algo a lo que realmente te cueste mucho renunciar cuando lo tienes delante de ti. Escoge la hora del día a la de quieras enfrentarte con esta prueba, pero mi consejo es que lo hagas en el momento en que habitualmente mayores dificultades tienes para prescindir de las tentaciones; o lo que es lo mismo, póntelo cuanto más difícil mejor.

Una vez que ya tengas todo preparado y estés convenientemente aislado y hayas pasado por las fases harto conocidas de preparación con el Mindfulness, imprégnate de todas las sensaciones de las que seas capaz, excepto de la del gusto, con el Mindful-Eating: huele el alimento, tócalo si es tocable, míralo. Permanece de esta forma durante por lo menos tres o cuatro minutos; y cuando ya hayan transcurrido, coge el recipiente donde descansa y arroja esa vianda a la basura.

«No hay ningún objeto tan importante como para que te esclavices a él»

SEMANA F - Día 3 (domingo)

DESAYUNO
DEBO
2 minutos

DESAYUNO
HE HECHO
2 minutos

1/2 MAÑANA
DEBO

1/2 MAÑANA
HE HECHO

COMIDA
DEBO

COMIDA
HE HECHO

1/2 TARDE
DEBO

1/2 TARDE
HE HECHO

CENA
DEBO

CENA
HE HECHO

HOY HE HECHO ESTA CANTIDAD DE EJERCICIO

2 minutos

....
....
....
....

LO QUE ME FALTA PARA COMPLETAR MI META SEMANAL

LLEVO EN TOTAL	ME FALTA AÚN

....
....
....
....

TU MOMENTO MÁS POSITIVO DEL DÍA

4 minutos

....
....
....
....

TUS MINI-METAS DEL DÍA

2 minutos

....
....
....
....

MARCA AHORA TUS TAREAS DEL DÍA

- 🍎 LISTA DE COMIDAS ☐ 🍎
- 🏃 EJERCICIO ☐ 🏃
- ☺ MOMENTO POSITIVO ☐ ☺
- ✅ MINI-META ☐ ✅
- 👁 INFORMAR ☐ 👁
- i EJERCICIO DE MINDFULNESS ☐ i
- ✿ EJERCICIO DE MINDFUL-EATING ☐ ✿

DINÁMICA DE MINDFUL-EATING

Trabajar el desapego (2)

Detente durante unos minutos, vamos a recapacitar y a pensar lo que pasó por tu mente ayer mientras estabas deshaciéndote en la basura de ese alimento que tanto que atraía. ¿Qué pensaste después? ¿Cómo te sentiste? ¿Tuviste sentimiento de culpa? Si fue así, ¿por qué? ¿Cuánto tiempo permaneciste, después de ese acto, pensando en lo que habías hecho? ¿Cuánto tiempo se mantuvo en tu cabeza la imagen del alimento desechado?

Hoy vamos a hacer lo mismo, escoge otro alimento distinto que también te resulte apetitoso y realiza la misma dinámica que practicamos ayer. Pero una vez eliminada la ración en el cubo de los desperdicios, quiero que esta vez te enfoques en intentar quitarle el valor simbólico que tiene ese alimento. Trátalo como lo que realmente es, algo que ya no está en tu vida; un objeto que se cruzó en tu camino y que te provocó una serie de sensaciones que te fueron difíciles de superar, pero que, gracias al entrenamiento que estás practicando, has conseguido despojarle de esa importancia ficticia que antes representaba para ti.

Continúa con esta dinámica el resto de los días de la semana y escoge para cada uno de ellos una comida diferente, pero siempre atractiva.

«Busca hoy a alguien
a quien agradecerle algo»

SEMANA F - Día 4 (lunes)

DESAYUNO
DEBO
2 minutos

DESAYUNO
HE HECHO
2 minutos

1/2 MAÑANA
DEBO

1/2 MAÑANA
HE HECHO

COMIDA
DEBO

COMIDA
HE HECHO

1/2 TARDE
DEBO

1/2 TARDE
HE HECHO

CENA
DEBO

CENA
HE HECHO

HOY HE HECHO ESTA CANTIDAD DE EJERCICIO

2 minutos

....
....
....
....

LO QUE ME FALTA PARA COMPLETAR MI META SEMANAL

LLEVO EN TOTAL | **ME FALTA AÚN**

.... | ....
.... | ....
.... | ....

TU MOMENTO MÁS POSITIVO DEL DÍA

4 minutos

....
....
....
....

TUS MINI-METAS DEL DÍA

2 minutos

....
....
....
....

MARCA AHORA TUS TAREAS DEL DÍA

- 🍎 **LISTA DE COMIDAS** ☐ 🍎
- 🏃 **EJERCICIO** ☐ 🏃
- ☺ **MOMENTO POSITIVO** ☐ ☺
- ✓ **MINI-META** ☐ ✓
- 👁 **INFORMAR** ☐ 👁
- **i EJERCICIO DE MINDFULNESS** ☐ **i**
- ⚙ **EJERCICIO DE MINDFUL-EATING** ☐ ⚙

*«Aprende a descubrir y comprender
las causas del comportamiento de los demás»*

SEMANA F - Día 5 (martes)

DESAYUNO
DEBO   🕐 2 minutos

DESAYUNO
HE HECHO   🕐 2 minutos

1/2 MAÑANA
DEBO

1/2 MAÑANA
HE HECHO

COMIDA
DEBO

COMIDA
HE HECHO

1/2 TARDE
DEBO

1/2 TARDE
HE HECHO

CENA
DEBO

CENA
HE HECHO

HOY HE HECHO ESTA CANTIDAD DE EJERCICIO

2 minutos

....
....
....
....

LO QUE ME FALTA PARA COMPLETAR MI META SEMANAL

LLEVO EN TOTAL

....
....
....
....

ME FALTA AÚN

....
....
....

TU MOMENTO MÁS POSITIVO DEL DÍA

4 minutos

....
....
....
....

TUS MINI-METAS DEL DÍA

2 minutos

....
....
....

MARCA AHORA TUS TAREAS DEL DÍA

- 🍎 LISTA DE COMIDAS ☐ 🍎
- 🏃 EJERCICIO ☐ 🏃
- ☺ MOMENTO POSITIVO ☐ ☺
- ✓ MINI-META ☐ ✓
- 👁 INFORMAR ☐ 👁
- i EJERCICIO DE MINDFULNESS ☐ i
- ✿ EJERCICIO DE MINDFUL-EATING ☐ ✿

*«Disfruta de las cosas "gratuitas"
que tienes a tu alrededor»*

SEMANA F - Día 6 (miércoles)

DESAYUNO
DEBO · 2 minutos

DESAYUNO
HE HECHO · 2 minutos

1/2 MAÑANA
DEBO

1/2 MAÑANA
HE HECHO

COMIDA
DEBO

COMIDA
HE HECHO

1/2 TARDE
DEBO

1/2 TARDE
HE HECHO

CENA
DEBO

CENA
HE HECHO

HOY HE HECHO ESTA CANTIDAD DE EJERCICIO

2 minutos

....
....
....
....

LO QUE ME FALTA PARA COMPLETAR MI META SEMANAL

LLEVO EN TOTAL   **ME FALTA AÚN**

....
....
....
....

TU MOMENTO MÁS POSITIVO DEL DÍA

4 minutos

....
....
....
....

TUS MINI-METAS DEL DÍA

2 minutos

....
....
....
....

MARCA AHORA TUS TAREAS DEL DÍA

- 🍎 LISTA DE COMIDAS ☐ 🍎
- 🏃 EJERCICIO ☐ 🏃
- ☺ MOMENTO POSITIVO ☐ ☺
- ☑ MINI-META ☐ ☑
- 👁 INFORMAR ☐ 👁
- i EJERCICIO DE MINDFULNESS ☐ i
- ⚙ EJERCICIO DE MINDFUL-EATING ☐ ⚙

«Gracias por haberme leído y por permitirme que intente ayudarte. Eso a mí, me ha ayudado»

SEMANA F - Día 7 (jueves)

DESAYUNO
DEBO

2 minutos

DESAYUNO
HE HECHO
2 minutos

1/2 MAÑANA
DEBO

1/2 MAÑANA
HE HECHO

COMIDA
DEBO

COMIDA
HE HECHO

1/2 TARDE
DEBO

1/2 TARDE
HE HECHO

CENA
DEBO

CENA
HE HECHO

HOY HE HECHO ESTA CANTIDAD DE EJERCICIO

2 minutos

....
....
....

LO QUE ME FALTA PARA COMPLETAR MI META SEMANAL

LLEVO EN TOTAL	ME FALTA AÚN

TU MOMENTO MÁS POSITIVO DEL DÍA

4 minutos

....
....
....
....

TUS MINI-METAS DEL DÍA

2 minutos

....
....
....

MARCA AHORA TUS TAREAS DEL DÍA

- 🍎 LISTA DE COMIDAS ☐ 🍎
- 🏃 EJERCICIO ☐ 🏃
- ☺ MOMENTO POSITIVO ☐ ☺
- ✓ MINI-META ☐ ✓
- 👁 INFORMAR ☐ 👁
- i EJERCICIO DE MINDFULNESS ☐ i
- ✿ EJERCICIO DE MINDFUL-EATING ☐ ✿

Comprueba los resultados

Hoy es viernes por la mañana, la semana ha llegado a su fin, es la hora de verificar y valorar los resultados obtenidos y compararlos con los objetivos que te propusiste al inicio de esta.

PESO DE INICIO DE ESTA SEMANA

META DESEADA AL FINAL DE LA SEMANA

Apunta a continuación la meta que te marcaste al principio de estos 7 días

META OBTENIDA AL FINAL DE LA SEMANA

Ahora escribe el resultado que has tenido

Finalmente describe con un adjetivo, tanto si has llegado a donde te propusiste como si no lo has hecho, cómo te sientes ahora:

Enhorabuena! Concluye el periodo entrenamiento de este libro. Si has llegado hasta aquí y has realizado todos los ejercicios estoy seguro de que ha penetrado en ti el germen y la inquietud por seguir ahondando en las técnicas del Mindfulness, Mindful-Eating y Mindful-Nourishing. Por supuesto que todavía no eres un experto, pero todo maestro fue en su día un principiante, lo que le convirtió en maestro fue la disciplina y la práctica continua.

No te quedes aquí, continúa trabajando por tu saludo y tu bienestar.

EL RESTO DE LAS SEMANAS DE TU VIDA

Noveno error a evitar

Pensar que vas a tener que estar toda tu vida a dieta

Y aquí es cuando vuelve atacar nuestro diablo interno. Llevamos varias semanas haciendo bien la dieta, hemos conseguido unos buenos resultados, pero ha llegado el primer fin de semana en el que hemos tenido que hacer alguna transgresión, y al día siguiente, al pesarnos, vemos con desesperación que tenemos un kilo más que hace dos jornadas. ¡Con solo un día de pecado hemos recuperado un kilo! ¡Esto es desesperante! Esto significa que cuando deje la dieta y vuelva a comer normal voy a recuperar todo el peso que he perdido. Eso, o de lo contrario ¡voy a tener que estar toda la vida a dieta!

Primero, eso te pasa por pesarte. ¿Quién te manda a ti subirte a la báscula la mañana siguiente a una transgresión? No seas masoquista. ¿Para qué te pesas? En el fondo lo haces para boicotearte a ti mismo, para confirmar lo que ya sabías, lo que siempre te habías dicho: que comer normal suponía volver a colocarte en la casilla de salida, tirar al traste todo el trabajo realizado. Pues bien, no es cierto, lo normal es que si continúas haciendo bien tu plan de adelgazamiento, 24 horas después hayas perdido ese kilo que había recuperado. Por eso, ¡por favor, NO TE PESES cuando no te toque! Parece que estemos buscando excusas para fracasar en nuestro empeño. Pero la gente que se comporta de este modo, no lo hace solamente cuando quiere lograr un objetivo de pérdida de peso, lo suele cometer en todos los órdenes de su vida. En aquello que requiere un esfuerzo, a poco de iniciar su camino, empezará a buscar pretextos que le ayuden a abandonar. Nunca conseguirán lo que se proponen.

Pero bueno, volvamos al enunciado de este apartado. Sin en un día de transgresión he recuperado un kilo, ¿eso significa que para poder mantener el peso, cuando termine, voy a tener que estar toda mi vida a dieta?

La respuesta es que no, pero también es que sí. Desde el punto de vista metabólico solo puedo contestar con certeza a los pacientes que han perdido peso siguiendo las indicaciones del Método San Pablo. Uno de los requisitos innegociables que me propuse cuando constituí y diseñé mi método de adelgazamiento era que una vez acabado se pudiese volver a comer de todo. Por lo que si has seguido mi método te diré que no vas a tener que estar a dieta siempre. O mejor, te especificaré que cuando concluyas, podrás volver a comer todo tipo de alimentos que te apetezcan. Podrás comer pizzas, hamburguesas, pasteles de chocolate, cervezas, gin-tonics, bocadillos de tortilla de patata… Eso sí, deberás cambiar la forma de comerlos, en una palabra, tendrás que cambiar de hábitos. Es por todo ello que la respuesta es que no tendrás que estar toda tu vida dieta.

Pero también te he puntualizado que sí que tendrás que estar toda tu vida a dieta. Realmente todo el mundo está toda su vida a dieta. Lo que ocurre es que cada uno lleva la suya propia. A todos se nos antoja que no es sano, por ejemplo, estar comiendo comida basura siempre. A este respecto existe un documental muy interesante que muestra los efectos de este tipo de alimentación en una persona joven y sana que, durante un mes se sometió voluntariamente a la prueba de realizar todas sus ingestas en restaurantes de comida rápida. La película en cuestión se titula *Super size me* y es claramente reveladora de los perjuicios para la salud que conllevaría este mal hábito. Para una persona fanática de este tipo de locales de comida basura, el hecho de no poder utilizarlos a menudo supone una limitación a sus deseos de este tipo de nutrición, y siempre que nos restringimos y prescindimos de comida que nos gusta es como si realmente estuviésemos a dieta. Para él, el no poder comer hamburguesas, patatas fritas y refrescos de cola todos los días y a todas horas es sentir lo mismo que para otros no comer habitualmente pizza, tortilla de patata, macarrones o tartas. Ambos tienen el sentimiento de no ser libres con lo que respecta a su capacidad de decidir lo que les apetece ingerir. Exactamente igual que una persona que está sometida una dieta.

Por eso te diré que la fase de mantenimiento, te repito en lo que respecta al Método San Pablo de nutrición, es una fase en la que únicamente vamos a cambiar los hábitos de alimentación que tú tenías antes de comenzar nuestro programa. No te vas a privar de comer cualquier alimento que te apetezca. Tan solo lo vas a ingerir de una forma diferente a cómo lo hacías antes. No hay ninguna dieta que te cambie el metabolismo. Si antes de comenzar un plan nutricional comías de una forma que te hacía engordar, y una vez concluido vuelves a retomar exactamente igual los mismos hábitos y alimentos que tenías antes, tarde o temprano vas a volver a recuperar el peso. El mantenimiento es básicamente un programa mental, es cambiar tus hábitos. Generalmente, cuando llevemos un par de años comiendo de una forma diferente, conseguiremos incorporar a nuestro cerebro esas pautas de alimentación como un patrón de conducta normal, o lo que es lo mismo, habremos desarrollado un hábito de alimentación saludable. Cuando nosotros y nuestra mente percibe como normal una forma de estructurar nuestras comidas más sana y equilibrada ya no tendremos la sensación de que estamos a dieta, es más cuando no comamos de acuerdo con esas pautas nos sonará extraño y algo dentro de nosotros nos rechinará. A partir de ese momento habremos dejado de estar a dieta para siempre.

EL MANTENIMIENTO

(O QUÉ ES LO QUE TIENES QUE HACER PARA NO VOLVER A RECUPERAR NUNCA MÁS EL PESO QUE YA HAS PERDIDO)

Sexto objetivo del Mindfulness

La gratitud

En mi infancia, cuando visitábamos a mi abuela, los niños pasábamos la mañana jugando y los adultos departiendo entre ellos o guisando la comida. Una vez que ya quedaba la mesa preparada y llegaba la hora de sentarnos a ella, todos abandonábamos la actividad en la que estuviésemos participando y nos sentábamos dispuestos a saciar nuestro voraz apetito. Era pertinente esperar a que cada uno se encontrase perfectamente ubicado en su sitio, porque antes de que se nos permitiese atacar a las viandas dispuestas sobre la mesa era preciso parar, callar y formular un agradecimiento, «Te damos las gracias por los alimentos que vamos a recibir». Era un momento simbólico importante, un ritual que separaba perfectamente todo lo que hasta ese momento habíamos estado haciendo, del acto que nos proponíamos a efectuar. Servía para dar una cierta solemnidad a una acción, que no por repetida todos los días, dejaba de ser principal. Yo supongo que, en la mentalidad de mis abuelos, e incluso en la de mis padres, que habían sufrido la desdicha de vivir una guerra y una posguerra en las que habían padecido hambre, y en las que habían aprendido a valorar el cruel significado de carecer de alimentos, ese ceremonial de agradecer aquello que íbamos a comer tenía mucha más trascendencia y significado que el que presentaba para mí.

Hoy en día, debido a nuestro modo agobiado de vida que nos obliga muchas veces a comer de forma apresurada, y cuando las tareas de casi todos los miembros de la familia nos impiden reunirnos en torno a ese momento especial de compartir alimentos y vivencias, se ha perdido gran parte del simbolismo que transmitía el acontecimiento de compartir mesa, mantel y alimentos.

Uno de los objetivos del Mindfulness, quizás su propósito final, es el de trabajar el agradecimiento; entendiéndolo en un sentido amplio de la palabra, no tan solo como el acto de dar puntualmente las gracias a algo o a alguien, sino más bien el estado mental de estar reconocido por todas las maravillas que nos han sido dadas, y por supuesto ser capaz de disfrutar de esa sensación de gratitud plena. Esta capacidad sublime de la mente y del espíritu no se consigue con solo proponérselo; como todo en esta vida, y como todo en el Mindfulness, hay que trabajarla y entrenarla. Por ello, y centrándonos en el objeto de este libro, el Mindful-Eating, sería un buen inicio proponernos recuperar alguna de esas viejas costumbres ya olvidadas, como la de agradecer a todos los eslabones de la cadena que intervienen para que nosotros podamos satisfacer una necesidad básica. Ya hemos aprendido a dedicar nuestra atención plena a todo lo relativo con el acto de comer; ya sabemos darle valor; ya comprendemos su importancia en nuestro cuerpo y en nuestra mente; creo que ha llegado, ya, el momento de agradecer.

Elige una de tus próximas comidas, la que prefieras, aquella en la que dispongas de más tiempo para dedicárselo, y comienza dando las gracias sinceramente a todos aquellos protagonistas que han participado en este proceso. Un buen inicio sería que agradecieses a la tierra o a tu Dios, si crees en Él, el haber sido el origen de todo; continúa después con las semillas, el sol, el agua, los animales, el agricultor o el pescador o el pastor, el transportador, el comerciante y el cocinero, que han hecho posible que aquello que ahora te va a nutrir y alimentar haya llegado hasta tu plato. Bríndales una gratitud sincera, pues, aunque ese sea su trabajo, tenemos la mala costumbre de creer que nos merecemos el derecho a su dedicación y esfuerzo a cambio tan solo de nuestro dinero. Supongo que tú también trabajas, y que por ello recibes una remuneración económica, pero ¿cómo te sientes cuando alguien que te ha pagado por tu esfuerzo, te da, además de tu retribución, de forma sincera, las gracias? Es justo entonces que tú contribuyas también a generar un ambiente más positivo en tu entorno.

Gestión de las emociones

Hace unas semanas se me rompió el sillón en el que me siento para pasar consulta en mi despacho. Telefoneé a la tienda que me lo vendió hacía ya unos años y les comuniqué el problema pidiéndoles, por favor que me enviasen a un operario para que lo reparase. Me aseguraron que en las próximas 24 horas alguien pasaría a cambiar la pieza averiada. Al día siguiente yo no tenía consulta, era mi día libre, pero decidí acudir a ella para esperar la llegada del técnico. Transcurrieron todas las horas de la mañana y nadie se presentó en mi oficina, llamé de nuevo al teléfono de la empresa y me confirmaron que mi orden de trabajo estaba en la hoja de ruta del día y que alguien aparecería. Al final de la tarde estábamos igual, mi sillón roto, no había venido ningún trabajador y nadie se había dignado a llamarme, ni siquiera por teléfono ni para anunciarme que no podrían pasarse por mi despacho, ni para disculparse por ello. La emoción que me había brotado era la de un total y absoluto enfado, mi estado de ánimo se encontraba cercano a la ira; todo el día desperdiciado —con la cantidad de asuntos que tenía que resolver—, para encontrarme igual o peor que al principio; tendría que volver a luchar y enfrentarme con la empresa y perder otra parte de mi valioso tiempo esperando al descortés servicio técnico.

Esas situaciones son las que realmente te arruinan un día, Te provocan que permanezcan en tu cabeza ocasionando una continua rumiación de ideas nefastas y negativas que, en casi todos los casos, acaba favoreciendo la secreción de cortisol en tu orga-

nismo e iniciando la rueda viciosa que ya conocemos. Solemos, en estos casos buscar un sujeto en el que volcar nuestra ira para de esta forma, y a través de él, ir añadiendo leños de malos sentimientos a la hoguera que hemos encendido con nuestra rabia. Pero no nos damos cuenta de que a los únicos a los que quema ese fuego es a nosotros mismos, provocándonos «malos rollos» que generalmente solemos extender al resto de nuestro entorno.

Cuando las cosas se tuercen, necesitamos un culpable que justifique nuestro mal humor y nuestro comportamiento alterado. Ni qué decir tiene que el causante de todo lo que me salió mal el resto de ese día y de la jornada siguiente, aunque no tuviese nada que ver con ello, hubiera sido el operario que no se presentó a reparar mi mueble. Y puntualizo «hubiera sido» ya que eso es de lo que nos solemos autoconvencer, salvo que sepamos utilizar adecuadamente diversas técnicas para la gestión de nuestras emociones.

Pero tú, curioso lector, me preguntarás ahora, ¿qué narices tendrá que ver esto que me está contando con mi relación con la comida y con el Mindful-Eating? Tienes toda la razón en formularte este interrogante, al fin y al cabo, este libro trata de cómo mejorar tu relación con la comida, y no de qué películas nos construimos en nuestro cerebro. Y te la voy a contestar... Pero antes de hacerlo, permíteme que te invite a realizar un pequeño ejercicio mental. Sería muy enriquecedor para ti que no declinases su ejecución. Es muy sencillo, pero a la vez muy complicado. Te lo voy a mostrar.

La dinámica que te propongo es que, antes de que yo te conteste a esa cuestión, dediques los siguientes nueve minutos exclusivamente a contestarla. Es preciso que cumplas las próximas tres condiciones para que este juego sea efectivo:

• No hagas, en estos nueve minutos, otra cosa que pensar en las posibles respuestas.

• No te digas a ti mismo que no eres capaz de contestarlas y procura buscar las respuestas.

• No pases de página hasta que hayan transcurrido esos nueve minutos.

Te recuerdo la pregunta:

¿Qué narices tendrá que ver esto que me está contando con mi relación con la comida y con el Mindful-Eating?

Después de tratar a miles de pacientes y de conocer sus hábitos alimentarios y sus comportamientos con la comida, me he dado cuenta de que una gran parte de las frustraciones y emociones nocivas que vamos acumulando a lo largo de nuestra jornada, se vuelcan y se intentan olvidar incorporando un estímulo gratificante, y cuanto más inmediato y fácil de obtener sea ese acicate mejor.

Una gran parte de nuestro comportamiento autodestructivo con la comida viene motivada por la insatisfacción que nos produce nuestra vida diaria, y ese descontento, en no pocas ocasiones, procede de la estimación de que no somos tan útiles como nos gustaría. Pero ese sentimiento no apunta principalmente a nuestro quehacer diario, sino a nuestro papel en el mundo. No nos sentimos realizados porque no sabemos para qué estamos aquí ni cuál es nuestra misión trascendental en este mundo.

El Mindfulness intenta paliar esa carencia emocional sirviéndose de la atención plena, del desapego, pero sobre todo, a través de la gratitud. Lo fascinante de dar las gracias, siempre que podamos, es que el sentimiento de gratitud no solo reconoce y mejora la vida de los demás, sino que nos devuelve un beneficio a nosotros mismos.

Al día siguiente de la jornada en la que me quedé «colgado» en mi consulta esperando que viniese el operario para recomponer mi sillón, volví a ponerme en contacto con la empresa, relatándoles lo sucedido y manifestándoles mi disgusto; ellos, sin ni siquiera disculparse, me ofrecieron una nueva cita para repararlo, que evidentemente yo acepté. Tras colgar el teléfono, decidí que mi reacción emocional podía escoger entre dos opciones: o bien me sumergía de nuevo en un estado de enojo y preparaba un discurso para cantarle las cuarenta al trabajador que viniese al día siguiente, o bien intentaba buscar una postura emocionalmente más inteligente.

En caso de elegir la primera opción, me hubiera dejado llevar por mi indignación para mostrarme, seguramente, descortés y grosero con una persona que, en aquel momento, lo único que estaba haciendo era su tarea. Además, esa reacción mía no le ayudaría en nada a la hora de completar su trabajo; antes, al contrario, le condicionaría una mala disposición hacia mí y hacia su deseo de culminar bien su misión. Por otra parte, esa actitud tampoco me habría reportado ningún beneficio personal, pues lo normal es que me hubiera sentido incómodo con la situación, e incluso después de haberse marchado el trabajador, un sentimiento amargo hubiera permanecido en mí, y por supuesto en él. Seguro que con esa conducta hubiera estropeado su día y el mío.

En lugar de ello intenté adoptar una postura emocionalmente más inteligente. Traté de ponerme en su lugar y comprender todo aquello por lo que él podría estar pasando en su quehacer diario; el estrés que le generaría ir de un lado para otro, en una ciudad llena de tráfico, sin saber qué es lo que iba a encontrar en cada destino y cuánto tiempo debería emplear en solucionar cada uno de sus problemas. Me transmuté en su persona y pensé cómo podría yo solucionar los problemas que a él le surgían. Inmediatamente, comencé a tomarle simpatía y se despertaron, en mí ganas de ayudarle.

Tan solo con este sentimiento que se generó en mi mente hubiera sido suficiente para no crear un estado incómodo para ninguno de los dos, pero a veces podemos hacer algo más para contribuir a mejorar nuestro entorno. Cuando nos enfrentamos a situaciones que nos incomodan y que nos disgustan, como reacción inmediata, tendemos a protestar y a quejarnos, pero nos paramos ahí, en un sentimiento pernicioso, que no es creativo y que influye para generar más negatividad, sin coadyuvar en nada a mejorar este mundo.

Por todo ello, yo postulo que es mejor abrazar una actitud más proactiva en aras de un mayor provecho y rentabilidad emocional; y no hay nada más potente para conseguir esta empresa que el ayudar a aquellos que nos rodean a que puedan ser mejores,

brindándoles las soluciones que, según nuestro punto de vista, les acercarían a la excelencia.

Existe una aplicación para los teléfonos móviles que tiene su alter ego en forma de página web, de la que me sirvo para ayudarme a generar todos estos sentimiento y respuestas emocionales. Es una aplicación fantástica que conduce a tu mente desde un estado de enojo e incomodidad, hasta una reflexión de creatividad y utilidad extraordinaria. Está diseñada para mejorarte a ti y a tu entorno; para que aportes ideas y soluciones y no te quedes anclado en sentimientos negativos. Esta maravilla emocional se llama Help2Best (www.help2best.com) y tiene como función, ni más ni menos, que servirte de cauce para que puedas dejar aflorar, tanto tus ideas creativas en lo relativo a cómo mejorar tu entorno y el mundo, como para canalizar y reconducir los malos impulsos mentales que te han provocado determinadas situaciones.

Help2best se estructura de forma similar a una red social en la que te permites relatar situaciones «especiales» que te han ocurrido, o simplemente que has observado. A continuación, te induce a recapacitar sobre tres aspectos positivos de esa vivencia incómoda; posteriormente, te pide que describas el matiz, que según tú, es el causante del elemento discordante y, finalmente, te invita a que uses tu creatividad, tu inteligencia, tu capacidad de ayuda para idear y sugerir la forma en que ese acontecimiento, persona, empresa o institución... podría mejorar. Todo ello orientado desde un punto de vista positivo y regenerador; evitando en todo momento posturas vehementes, impulsivas, ofensivas, irrespetuosas, agresivas.

Pues sí, podría haber elegido enfrentarme al operario y recriminarle su falta de tacto por no avisarme y tenerme esperando en mi despacho durante ocho horas sin hacer nada. ¿Sin hacer nada? Bueno, ciertamente, escuché música, pensé, pensé mucho, repasé aspectos de mi vida, medité y durante muchos, muchos instantes, conseguí disminuir mis niveles de cortisol. A lo largo de un día calmé mi estrés y, aunque hubo momentos puntuales en los que el cabreo apareció por mis sienes y mi mandíbula, cuando fui consciente de ello apacigüé mi mente, respiré tranquilo y activé mi parasimpático.

Una vez que mi sillón quedó reparado, usando la aplicación que antes te he comentado, redacté y envié un mensaje a la empresa de muebles agradeciendo el servicio prestado y sugiriéndole cómo podrían mejorar para evitar errores como el que cometieron en esta ocasión.

Desconozco si ellos habrán leído mi misiva, y si ha sido así, ignoro cuál es el sentimiento que les ha despertado, y no sé si habrán aceptado y aplicado las sugerencias que yo ahí les mostré; pero de lo que si estoy seguro, es que yo, tras haberlo remitido, me sentí más pleno, más satisfecho, con un pálpito de que había contribuido, aunque hubiera sido mínimamente, a enriquecer en algo mi entorno; y atesorar esa sensación dentro de mí me va dar más fuerzas para no buscar la forma de llenar los vacíos, que antes sufría, en otras peligrosas localizaciones, como puede ser la de la nevera.

Sé que hay mucha gente que puede pensar que intentar transmutar esos sentimientos lógicos de enfado, cuando te hacen una faena, por una postura positiva y de gratitud, puede resultar friki, algo como de «flower power»; no entenderán el que además de que te hacen una perrería decidas darles las gracias. En su fuero interno se dirán: «Pues sí, para eso estamos, para tolerar agravios». Pues nada, seguiré siendo algo friki, mientras ese ser humano, que opina de tal

manera, incrementa sus niveles de cortisol, lo que le elevará de momento sus cifras de tensión arterial, su agresividad, su mal humor, su insomnio y en el futuro le hará acreedor de una más que posible angina de pecho...

Eso sí, será un hipertenso «no friki».

Décimo error a evitar

Creer que ya has conseguido tu objetivo y que aquí termina todo

Cuando llegamos a este momento en mi consulta, cuando un paciente ha concluido su fase de pérdida de peso y ha logrado su objetivo, cuando ya se ve bien y cuando la satisfacción se dibuja en su rostro, yo tiemblo.

Me pongo serio, les avisó, les advierto, me desgañito en el sentido metafórico de la palabra y les comunico, con toda la solemnidad de la que soy capaz que: «Lo difícil ya ha terminado, ahora comienza lo complicado».

Algunos pacientes cuando inician su tratamiento de pérdida de peso conmigo me relatan historias de conocidos y me dicen: «Pues mi amigo fulanito hace tiempo que hizo una dieta, perdió mucho peso y ha vuelto a comer igual que antes, pero sin recuperarlo; le ha cambiado el metabolismo».

Antes de que entiendas lo que quiero transmitirte en este décimo error quiero que te enteres y asumas bien lo que te voy a asegurar. Lo voy a escribir en mayúsculas para que no te quepa la menor duda de que

«NO HAY NINGUNA DIETA QUE TE CAMBIE EL METABOLISMO. SI VUELVES A INCORPORAR LOS MISMOS HÁBITOS QUE TENÍAS ANTES DE COMENZAR TU PLAN DE ADELGAZAMIENTO, VOLVERÁS A RECUPERAR TODO EL PESO PERDIDO».

Cuando comenzamos la singladura hacía la consecución del peso adecuado, y mis pacientes me preguntan: «Y una vez que terminemos la dieta ¿qué pasará?». Yo les afirmó que cuando llegue ese momento podrán volver a comer de todo tipo de alimentos, pasta, pizza, cervezas, chocolate con churros, bocadillos... Pero que lo comeremos de tal forma que no les engorde. Realmente lo que vamos a promover en el mantenimiento es un cambio de los hábitos de alimentación; comer de todo, pero haciéndolo de una forma diferente.

No te equivoques, realmente ahora empieza todo. Lo importante de un plan de pérdida de peso no es perder el peso, es aprender las reglas y las costumbres que tienes que cumplir y mudar para que no necesites enfrentarte, ya nunca más, a un desagradable proceso de recuperación de los kilos eliminados.

En este momento, en el que has llegado a tu objetivo, en el que te ves bien tanto física como estéticamente, es muy fácil caer en la autocomplacencia y en el relajo. Lo hemos conseguido, nos sentimos los dueños del mundo, no hay nada que pueda impedir que mantengamos la meta alcanzada; realmente no ha sido tan complicado.

Ahora es cuando es preciso estar vigilantes. La mente humana tiene querencia a volver a las viejas rutinas en las que se encontraba cómoda, a buscar de nuevo las antiguas gratificaciones en aquellos momentos más angustiosos. Se alía además fácilmente con esos sutiles argumentos que aparecen en tu mente del tipo «por una sola transgresión, no pasa nada», y ese es el primer peldaño de la escalera que nos hace volver a descender a los infiernos del sobrepeso.

Son necesarios dos años de cuidado, de atención continua, para que las antiguas prácticas no vuelvan a anidar en nuestros usos. Dos años en los que aprender nuevos procedimientos sanos y adecuados que labren en nuestro cerebro inéditos circuitos neuronales que los asuman como normales; en otras palabras, que sirvan para educarnos en la adquisición de una forma de nutrirnos más saludable.

Y para ello el Mindfulness, el Mindful-Eating y del Mindful-Nourishing son armas que mediante un entrenamiento continuo y adecuado te ayudarán, sin duda, a asumirlos.

REGISTRO DE PESOS SEMANALES

Al igual que alguna vez te he apuntado, a lo largo de este libro, que uno de los errores que cometemos y que nos boicotean el proceso de adelgazamiento es el de pesarse mientras nos hallamos en él, ahora tengo que avisarte que, al contrario de lo que te expliqué entonces, un fallo grave en el que incurrimos cuando hemos concluido nuestro viaje hacia la pérdida de grasa, es el de olvidarnos de la báscula. ¡Ahora sí que debemos pesarnos! y, además, con una frecuencia realmente adecuada.

Quiero advertirte ahora de lo que suele ocurrir en no pocas ocasiones. Cuando empiezas el registro de pesos semanales no sueles fallar en su anotación, por lo menos durante un mes y medio o dos meses. Después, coincidiendo generalmente con la vuelta de algún periodo vacacional en el que has cometido más trasgresiones alimentarias de las que firmemente te propusiste al inicio de él, casualmente te olvidas de la báscula, o decides que vas a ponerte a dieta durante unos pocos días antes de enfrentarte de nuevo con esas cifras que, inquietantes, asoman en su escala.

No, por favor no lo hagas. Te estás sometiendo ti mismo a una trampa. No quieres confirmar tu peso porque tienes miedo a encararte con la realidad, y es precisamente ahora cuando el hecho de subirte a la báscula tiene mayor significado; busco que te asustes, que seas consciente de dónde te hallas, porque de esa forma, ese sentimiento de enfado, de culpabilidad, te hará de nuevo retomar los buenos hábitos que has dejado alegremente aparcados durante tus días de asueto.

De otro modo, si no te enfrentas a ese incremento de kilos, te irás poco a poco olvidando y cada vez, el miedo, te irá alejando más del instante en el que te decidas a poner remedio a lo que, de momento, aún lo tiene. Es más fácil perder tres kilos que tener que hacer desaparecer siete. Por lo tanto, la función de desafiar a la báscula todas las semanas con cierta asiduidad, es precisamente la de alertarte cuando tu grasa se esté incrementando, para que, de esta forma, te impliques y pongas la solución.

Instrucciones

Pésate en tu báscula, por la mañana, recién levantado de la cama y sin ropa. Hazlo el primer viernes después de concluir tu plan de pérdida de peso.

Ese va a ser tu peso base (B), anótalo en el primer recuadro que aparece en la primera celda de la tabla.

A partir de ese momento deberías pesarte como mínimo todos los lunes, miércoles y viernes, y escribir en la parte superior de la tabla, la fecha de inicio de la semana, y en la inferior el peso que te devuelve tu báscula cada uno de esos tres días.

Al lado de la celda del peso aparece una columna encabezada con la letra B, en ella debes apuntar la variación de ese día con relación a tu peso de inicio, el del primer viernes que te pesaste. Por ejemplo, si el viernes día 1 tu peso fue de 60,3 kg, y el viernes día 8 tu peso es 60,7 kg, esa jornada (el día 8) debes anotar, debajo de la B correspondiente, +0.4. Si el miércoles que le sigue, el que haría el día 13, el peso que aparece en tu báscula por la mañana es de 60,1 kg, la cifra que deberías asentar debajo de la letra B del miércoles es −0.2.

Registrando de esta forma la variación que se va produciendo a lo largo de las semanas, seremos más conscientes de cómo está fluctuando nuestro peso y de si estamos haciendo las cosas de una forma correcta.

El peso de todos los viernes debería ser similar al del primero, o lo que es lo mismo, las B de todos los viernes tendrían que arrojarnos un valor B=0 o parecido. Sugerimos el viernes como día control, porque habitualmente los momentos de la semana más «peligrosos» para las transgresiones de alimentación son los fines de semana. De esta forma, si un viernes no has logrado retornar al peso patrón del inicio, ese fin de semana deberías tener más cuidado con tu comida y quizás no hacer demasiados excesos.

Evidentemente, si tus kilos se disparan, jornada tras jornada, y no consigues devolverlos al redil es el momento de plantearte retomar durante un periodo las buenas costumbres de alimentación que te condujeron hacia la pérdida de peso. Cuanto más tiempo lo dejes, más difícil será que consigas llegar de nuevo a tu meta.

Ejemplo

PESO BASE (B)

Viernes, día 12 de enero de 2018

60,3 Kg

FECHA	15 DE ENERO DE 2018					
Lunes Peso: 60,4 Kg	B +0,1	Miércoles Peso: 60,3 Kg	B 0	Viernes Peso: 60,7 Kg	B +0,4

FECHA	22 DE ENERO DE 2018					
Lunes Peso: 61,4 Kg	B +1,1	Miércoles Peso: 60,9 Kg	B +0,6	Viernes Peso: 60,1 Kg	B -0,2

PESO BASE (B)
Viernes, día

....

.... Kg

FECHA					
Lunes Peso:	B	**Miércoles** Peso:	B	**Viernes** Peso:	B

FECHA					
Lunes Peso:	B	**Miércoles** Peso:	B	**Viernes** Peso:	B

FECHA					
Lunes Peso:	B	**Miércoles** Peso:	B	**Viernes** Peso:	B

FECHA					
Lunes Peso:	B	**Miércoles** Peso:	B	**Viernes** Peso:	B

FECHA					
Lunes Peso:	B	**Miércoles** Peso:	B	**Viernes** Peso:	B

FECHA					
Lunes Peso:	B	**Miércoles** Peso:	B	**Viernes** Peso:	B

FECHA					
Lunes Peso:	B	**Miércoles** Peso:	B	**Viernes** Peso:	B

FECHA					
Lunes Peso:	B	**Miércoles** Peso:	B	**Viernes** Peso:	B

FECHA					
Lunes Peso:	B	**Miércoles** Peso:	B	**Viernes** Peso:	B

FECHA					
Lunes Peso:	B	**Miércoles** Peso:	B	**Viernes** Peso:	B

FECHA					
Lunes Peso:	B	**Miércoles** Peso:	B	**Viernes** Peso:	B

FECHA					
Lunes Peso:	B	**Miércoles** Peso:	B	**Viernes** Peso:	B

FECHA					
Lunes Peso:	**B**	**Miércoles** Peso:	**B**	**Viernes** Peso:	**B**

FECHA					
Lunes Peso:	**B**	**Miércoles** Peso:	**B**	**Viernes** Peso:	**B**

FECHA					
Lunes Peso:	**B**	**Miércoles** Peso:	**B**	**Viernes** Peso:	**B**

FECHA					
Lunes Peso:	**B**	**Miércoles** Peso:	**B**	**Viernes** Peso:	**B**

FECHA					
Lunes Peso:	**B**	**Miércoles** Peso:	**B**	**Viernes** Peso:	**B**

FECHA					
Lunes Peso:	**B**	**Miércoles** Peso:	**B**	**Viernes** Peso:	**B**

FECHA					
Lunes Peso:	**B**	**Miércoles** Peso:	**B**	**Viernes** Peso:	**B**

FECHA					
Lunes Peso:	**B**	**Miércoles** Peso:	**B**	**Viernes** Peso:	**B**

FECHA					
Lunes Peso:	**B**	**Miércoles** Peso:	**B**	**Viernes** Peso:	**B**

FECHA					
Lunes Peso:	**B**	**Miércoles** Peso:	**B**	**Viernes** Peso:	**B**

FECHA					
Lunes Peso:	**B**	**Miércoles** Peso:	**B**	**Viernes** Peso:	**B**

FECHA					
Lunes Peso:	**B**	**Miércoles** Peso:	**B**	**Viernes** Peso:	**B**

FECHA					
Lunes Peso:	B	**Miércoles** Peso:	B	**Viernes** Peso:	B

FECHA					
Lunes Peso:	B	**Miércoles** Peso:	B	**Viernes** Peso:	B

FECHA					
Lunes Peso:	B	**Miércoles** Peso:	B	**Viernes** Peso:	B

FECHA					
Lunes Peso:	B	**Miércoles** Peso:	B	**Viernes** Peso:	B

FECHA					
Lunes Peso:	B	**Miércoles** Peso:	B	**Viernes** Peso:	B

FECHA					
Lunes Peso:	B	**Miércoles** Peso:	B	**Viernes** Peso:	B

FECHA					
Lunes Peso:	B	**Miércoles** Peso:	B	**Viernes** Peso:	B

FECHA					
Lunes Peso:	B	**Miércoles** Peso:	B	**Viernes** Peso:	B

FECHA					
Lunes Peso:	B	**Miércoles** Peso:	B	**Viernes** Peso:	B

FECHA					
Lunes Peso:	B	**Miércoles** Peso:	B	**Viernes** Peso:	B

FECHA					
Lunes Peso:	B	**Miércoles** Peso:	B	**Viernes** Peso:	B

FECHA					
Lunes Peso:	B	**Miércoles** Peso:	B	**Viernes** Peso:	B

FECHA					
Lunes Peso:	**B**	**Miércoles** Peso:	**B**	**Viernes** Peso:	**B**

FECHA					
Lunes Peso:	**B**	**Miércoles** Peso:	**B**	**Viernes** Peso:	**B**

FECHA					
Lunes Peso:	**B**	**Miércoles** Peso:	**B**	**Viernes** Peso:	**B**

FECHA					
Lunes Peso:	**B**	**Miércoles** Peso:	**B**	**Viernes** Peso:	**B**

FECHA					
Lunes Peso:	**B**	**Miércoles** Peso:	**B**	**Viernes** Peso:	**B**

FECHA					
Lunes Peso:	**B**	**Miércoles** Peso:	**B**	**Viernes** Peso:	**B**